江西理工大学优秀学术著作出版基金资助

矿业投资决策理论与方法

郑明贵　赖亮光　著

北　京
冶　金　工　业　出　版　社
2011

内 容 提 要

本书以矿业投资决策的理论与方法为研究主线，运用实物期权等多种方法进行综合研究，将柔性经营理念引入到矿业投资项目评价中，建立了相应的柔性决策模型，拓展了项目评价的研究范围，指出了增加项目净现金流量的途径，增强了项目的生存能力，并将研究成果系统应用于国内外两个矿业投资实例，得出传统 DCF 方法中投资项目净现值与本书中的投资项目动态净现值、改变运营规模期权（或复合期权）价值之间的简化关系，使得本书的理论成果易于被理解、接受与推广。

本书可供矿山管理人员、工程技术人员以及政府有关部门管理人员阅读，也可供高等院校矿业经济类专业的师生参考。

图书在版编目(CIP)数据

矿业投资决策理论与方法/郑明贵，赖亮光著．—北京：冶金工业出版社，2011.6

ISBN 978-7-5024-5608-5

Ⅰ.①矿… Ⅱ.①郑… ②赖… Ⅲ.①矿业投资—研究 Ⅳ.①F407.1

中国版本图书馆 CIP 数据核字(2011)第 093199 号

出 版 人 曹胜利

地　　址 北京北河沿大街嵩祝院北巷 39 号，邮编 100009

电　　话 (010)64027926 电子信箱 yjcbs@cnmip.com.cn

责任编辑 廖 丹 美术编辑 彭子赫 版式设计 孙跃红

责任校对 石 静 责任印制 张祺鑫

ISBN 978-7-5024-5608-5

北京百善印刷厂印刷；冶金工业出版社发行；各地新华书店经销

2011 年 6 月第 1 版，2011 年 6 月第 1 次印刷

148mm×210mm；5.875 印张；171 千字；172 页

25.00 元

冶金工业出版社发行部 电话:(010)64044283 传真:(010)64027893

冶金书店 地址:北京东四西大街 46 号(100010) 电话:(010)65289081(兼传真)

（本书如有印装质量问题，本社发行部负责退换）

前　言

矿产资源是人类社会生产最原始的劳动对象，是生产资料和生活资料的重要来源，是人们赖以生存和发展的基础。对矿产资源的合理开发与利用是人类社会赖以发展的动力和前提。世界上95%以上的能源、80%以上的工业原料、70%以上的农业生产资料以及30%以上的工农业用水均来自于矿产资源。可见，矿产资源在人类社会和经济发展中起着基础性作用。

从世界范围来看，由于矿产资源的地质属性，其在世界各国、各地区的分布是极不均衡的，矿产资源的开发利用也是很有限的，而且其品质和开发的技术经济条件差别也很大，尤其是在经济欠发达国家。世界矿产资源丰富，大部分支柱性已探明储量的矿产储采比超过40年，铁矿、铝土矿超过100年。20世纪60年代末以来，发达资本主义国家陆续完成工业化进程，对主要矿产品的消耗量也趋于下降或稳定。与此同时，由于发展中国家尚未大规模进入工业化快速发展的矿产资源高耗费阶段，全球矿产资源供应整体上仍处于供大于求的格局中，这为我国经济合理地利用国内、周边国家乃至全球的矿产资源提供了千载难逢的好机会。

从全国范围来看，截至2004年，我国已发现矿产173种，探明有储量的矿产155种，其中金属矿产54种[1]。我国正处于大量耗费矿产资源的工业化发展阶段，但大宗支柱性矿产无论是总量还是人均储量均与我国占世界21%人口的比例极不相称。石油、天然气、铜、铁、铝、镍、金等占世界总储量的比例均小于5%，且资源保障年限远低于世界平均水平。主要金属矿产已探明人均储量不足世界人均值的1/4。铜和铝的人均储量只有世界平均水平的1/6和1/9。即使是较为丰富的煤炭资源，人均储量也只有世界平均值的90%。进入21世纪以来，随着国民经济的持续快速发展，对各种金属矿产资源的需求也大幅度增加，国内主要金属矿产资源已经不能满足需要，对外依存度不断上升。铁矿、铜矿、铝土矿、镍矿、金矿等都需要大量进口，钴、铬等金属矿产资源也严重短缺，而这种趋势在较长时期内将不会发生明显变化[2]。充分利用全球矿产资源是我国经济、社会持续发展的必然选择。

在未来15~20年，伴随着印度，东南亚、南美等众多发展中国家，包括我国在内近30亿人口的全球新一轮工业化高潮的到来，对矿产资源的需求将会又一次高涨。新一轮工业化国家涉及的人口是上一轮工业化国家人口总和的4倍，对资源消耗的速度和数量将比20世纪的六七十年代更为猛烈。因此，必须从战略上高度重视。由于历史原因，我国错过了20世纪七八十年代全球资源供应的宽松时期。当前，必须紧紧抓住未来十几年这个稍纵即逝、难得的利用世界矿产资源的战略机遇期，尽最大努力开发和利用矿产资源，尤其是海外矿产资源，为我国的工业化以及更长期的现代化建设奠定雄厚的资源基础。

受传统计划经济观念影响，我国矿业企业投资，尤其是海外矿业投资经验不足。矿业投资中如果出现重大决策失误，将会严重影响我国矿业企业的发展，甚至会导致其资金链断裂。因此，如何适当规避风险，科学决策是一个非常值得研究的课题。

本书以柔性理论为基础，提出矿业投资项目应当在传统经济评价的基础上，找出项目可行的必要条件，即实行柔性决策。这就意味着在矿业投资项目技术经济评价中，不能固守在技术方案确定之后被动地计算经济指标，而是积极地寻求最佳生产要素的组合；在风险面前不是消极地规避与放弃，而是积极地指出项目成立的条件；在项目运营期内，当面临风险时，不再遵循固定的生产经营与管理模式，而是进行柔性管理，增强矿山企业适应市场经济的能力。这样，技术经济分析与评价才能成为矿业经济与管理中最活跃的因素。因此，本书以矿业投资决策的理论与方法为研究主线，运用实物期权等多种方法进行综合研究，将柔性经营理念引入到矿业投资项目评价中，建立了相应的柔性决策模型，拓展了项目评价的研究范围，指出了增加项目净现金流量的途径，增强了项目的生存能力，并将研究成果系统应用于国内外两个矿业投资实例，得出传统 DCF 方法中投资项目净现值与本书中的投资项目动态净现值、改变运营规模期权（或复合期权）价值之间的简化关系，使得本书的理论成果易于被理解、接受与推广。

本书是国家“十一五”科技支撑计划项目“国外矿产资源开发利用风险评价技术研究”（项目编号：2006BAB08B01）的子专题“海外矿产资源开发利用的技术经济评价研究”以及江西省社科规划办 2009 年学科共建项目“基于柔性理论的矿业投资决策理论与方法研究”（项目编号：09YJ238）的成果之一。在本书的撰写过程中，得到了南昌有色冶金设计研究院采矿室、技经室各位专家的帮助，得到了北京科技大学蔡嗣经教授、李仲学教授、胡乃联教授、徐九华教授、李克庆教授的热心指导，得到了江西理工大学科技处、学科处各位领导的大力支持与热情帮助，在此一并表示感谢！

由于作者水平有限，书中不足之处在所难免，敬请广大读者予以批评指正。

作 者

2011 年 4 月

目　录

1 绪 论

1.1 矿业投资概述

1.1.1 矿业投资相关概念

1.1.1.1 矿业

矿业是指对地壳内部或地球表面有用矿物包括金属、非金属、煤炭、石油、天然气、石材等进行勘查、开采和加工的产业。在学科上一般把矿产勘查、矿产开采和初级加工（选矿）作为矿业学科的研究范围[3]。完整的矿山项目开发需要经过矿产勘查、矿山开采可行性研究、矿山建设设计、矿山基本建设、矿山投产经营等许多阶段。矿业生产具有自身特殊性，主要表现为：资源基础依赖性、地质条件复杂，投资周期长、额度大，开发过程中不确定因素多、风险大，矿山地址不能任意选择等。

1.1.1.2 投资、国际投资

投资是指投资主体为了获得预期的收益而投入资金，并将其转化为实物资产、金融资产或知识资产的行为或过程[4]。投资按其行为的直接程度可分为直接投资和间接投资：直接投资是指投资者将资金直接投入投资项目，形成企业资产，直接进行或参与资产的经营管理；间接投资是指投资者不直接投资办企业，而是将货币资金用于购买证券（包括股票、债券）和提供信用所进行的投资[5]。

国际投资是国际间发生的投资活动，亦即一国的个人、企业、政府或其他经济组织在本国境外进行的投资活动[6]。国际直接投资是指一国投资者将资本用于他国生产或经营，并掌握控制权的投资行为[7]。国际间接投资是个人或机构购买外国发行的股票、公司债券或政府债券，只谋求取得股息、利息或买卖该证券的差价收益，而不取得对筹资者经营活动控制权的一种投资方式。因此，国际间接投资

又称为国际证券投资[8]。

1.1.1.3 矿业投资、海外矿业投资

矿业投资是指以一定的资金或者实物直接或者间接地从事矿产资源开发并获得预期收益的行为。如果投资的地域超出了本国国土范围，则称之为海外矿业投资。本书研究的海外矿业投资主要有两种方式。一种是从矿业权市场通过合资或独资的方式新建一矿业企业，即通过投资或合作勘探、开发海外矿山，从而建立长期稳定的供应基地。这种方式获取资源潜力大，可以较快地增加控制矿产资源份额，但是一般较难获得优质的矿产资源，并且开发周期长、操作复杂，风险较大[9]。另一种是通过矿业资本市场收购或兼并东道国已有的矿山企业。其优点在于容易实现资源的优化配置，获取稳定的矿产资源以及目标公司的人力资源、先进生产技术及管理经验等。其缺点在于一次性投入大，对母公司资金的流动构成较大威胁，一旦资金链出现问题，势必将影响母公司、子公司的正常运营。

1.1.2 矿业投资的分类

矿业投资的分类方法主要有以下几种：

（1）按投资主体的性质分。按投资主体的性质，矿业投资可以分为政府投资与厂商投资两大类[3]。政府的矿业投资是国家或者地方政府基于对未来特定时期内，世界、国家或者地区范围内的矿产资源赋存、开发以及利用状况的分析与预测，为实施政府的矿业政策目标与国民经济或者地方经济发展计划，进而获得社会经济效益而进行的矿业投资。厂商的矿业投资则指厂商特别是矿业生产者，基于政府矿业政策和自身的长远发展规划，为维持其市场份额或者扩大再生产，进而获得微观经济效益而进行的矿业投资。

（2）按投资实现后在企业再生产中的作用分。按投资后在矿业企业再生产中的作用，矿业投资可以分为简单再生产投资和扩大再生产投资。区分两者的依据是投资对矿业企业再生产中生产要素的不同作用，而不是投资对企业产品生产的不同作用。简单再生产投资的形式主要表现为技术改造投资或恢复性投资；扩大再生产投资的形式通常表现为新建、扩建投资[10]。在矿山项目投资中，往往既有技术改

造投资，又有新增生产能力的投资。

(3) 按投资形成的价值在企业再生产过程中周转方式的不同分。按投资形成的价值在企业再生产过程中周转方式的不同，矿业投资可以分为企业固定资产投资和流动资产投资。固定资产投资是企业用于固定资产再生产的投资，是形成矿业企业生产能力的投资。流动资产投资是企业用于流动资产购置的投资，旨在形成矿业企业劳动对象和生产所需的人力等要素。由于矿业企业现实生产的三大要素具有内在的相互依存、相互适应的不可分割的属性，因此，矿山投资决策者在投资决策的过程中必须慎重处理固定资产投资和流动资产投资之间的关系，并使两者保持适当的比例。

(4) 按对矿业公司生产经营的影响程度分。按对矿业公司生产经营的影响程度，可将矿业投资分为战术性投资和战略性投资两类。只涉及矿业公司生产经营的局部，不会影响公司整个前途的投资称为战术性投资，如为降低矿产品生产成本而进行的投资；涉及矿业公司生产经营全局，可能改变公司未来面貌与命运的投资，称为战略性投资，如改变经营方向、大幅度增加新的矿产品产销的投资[11]。

(5) 按投资的地域分。按投资的地域，矿业投资分为国内投资和海外投资（或称跨国投资、国际投资）。

1.1.3 矿业投资的特点

矿业投资具有以下特点：

(1) 矿业投资规模大。矿业是资本密集型产业，投资规模大，一项矿业投资少则耗费几百万、几千万美元（如勘探投资），多则往往需要耗费几亿乃至十几亿美元。全球最大的铁矿石生产商——巴西Vale公司为了增加产出，计划增加煤炭和铜矿项目的投资规模，该公司2012年之前的投资规模将达到590亿美元。2007年，世界第二大矿业公司英美资源集团（Anglo American）耗资12亿美元在巴西戈亚斯州投资开发位于Barro Alto市的镍矿项目，该项目年生产规模可达4万吨，当时预计于2010年正式投产，届时英美公司在巴西的镍产量将增加四倍。我国宝钢集团和金川集团共同开发菲律宾镍矿项目涉及资金9.5亿美元；中国铝业股份有限公司牵头开发的越南铝土矿项目，预计总投资12亿美元。

(2) 矿业投资周期长。矿业投资项目的开发建设周期长。一个矿业投资项目从矿产资源勘察、项目可行性研究、方案设计、初步设计、建设施工直至建成投产一般要经历10年以上或更长时间。这意味着从矿产资源勘察开始投资，投入资金10年内得不到回收。在我国，发现一座矿床，一般需要2~5年；矿床的圈定和评价，一般需要2~5年；矿山建设，大型矿山企业一般需要3~7年，中、小矿山企业一般需要1~3年。根据B. W. 麦肯齐对加拿大1951~1974年86个金属矿山的研究资料，矿床的平均勘察时间是8年，矿山建设的平均时间是2年，即勘察建设周期平均为10年[12]。

(3) 矿业投资风险高。矿业投资活动的对象是埋藏在地下的矿产资源，由于地质环境的多样性和复杂性，造成了矿业具有不完全等同于其他工业的特殊性质，这些特殊性质既带来了问题（矿业活动的高风险性），也创造了机会（成功的矿业投资项目具有较高的投资回报）。

矿业投资活动的高风险性主要表现在：矿石储量的动态变化性，矿产储量的可耗竭性，矿床的固定位置及物理性质，矿业项目的巨额资本需求，相当长的投产准备期及投资偿还期，矿业活动对环境的明显影响等。在进行矿业项目投资时需要对此进行专门的考虑与研究，尽可能地防范风险，取得较高的投资收益[13]。

(4) 矿业项目投资回收期长。由于矿业投资项目规模大、周期长、风险高，导致其投资回收期一般较长。值得注意的是，国外银行和证券市场对矿业项目的经济可行性要求一般比较严，一个大型的金属矿山项目，投资回收期一般不超过5~7年；如果超过10年，则极难取得银行贷款或股民认同，贷款的还款期也很少超过10年。在我国，煤炭项目一般投资回收期不应高于10年，大型矿山最多可放宽至15年，也就是说，必须在15年之内收回全部投资和付清本息，这样的项目才有可能获得银行支持并健康存在。矿业项目投资回收期长也给矿业投资决策者带来了不少困难与问题，并直接影响了最终的投资决策。

1.1.4 矿业投资决策的主要内容

矿业投资决策的主要内容包括矿业项目投资环境评价、矿业项目技术经济评价、矿业投资项目融资、矿床勘察、矿山设计和矿业权流转等方面。本书重点介绍矿业项目投资技术经济评价方面的决策内容。矿业项目技术经济评价是指根据矿床或者矿山的已知信息，从技术、经济和社会等方面来评定该矿床的勘探与开发利用或者矿山生产经营的经济价值。

1.2 投资决策理论基础

投资决策理论的发展一般可以划分为如下四个阶段[14,15]：

第一阶段是传统静态投资决策理论，有静态投资回收期法、财务收益率法等。

第二阶段是贴现现金流量（DCF）方法及在此基础上的决策树法和蒙特卡洛模拟法等方法。

第三阶段是 Myers（1977）首次将 Black and Scholes 的期权定价理论用于实物资产定价上而形成的实物期权理论。

第四阶段是实物期权理论与博弈论相结合产生的期权博弈理论。

1.2.1 传统静态投资决策理论

1.2.1.1 静态投资回收期法

静态投资回收期（Pay Back Period）就是从项目投资建设之日起，用项目各年的净收入（年收入减去年支出）将全部投资收回所需要的时间[15]。在项目决策时，将项目静态投资回收期与基准（期望）投资回收期进行比较，决定接受或拒绝。当项目静态投资回收期小于基准投资回收期时，则接受该投资项目；当项目静态投资回收期大于基准投资回收期时，则拒绝该投资项目。当对一个投资项目的多个投资方案进行选择时，选择静态投资回收期最短的投资方案。

静态投资回收期的计算见下式：

$$\sum_{t=0}^{T_p} NB_t = \sum_{t=0}^{T_p} (B_t - C_t) = K \tag{1-1}$$

式中 NB_t——第 t 年的净收入；

B_t——第 t 年的收入；

C_t——第 t 年的支出（不包括投资）；

K——投资总额；

T_p——静态投资回收期。

1.2.1.2 财务收益率法

财务收益率是投资项目在正常生产年份的平均会计利润（平均净收益）与项目投资总额的比值。其一般计算式如下：

$$R = \frac{\overline{NB}}{K} \tag{1-2}$$

式中 R——财务收益率；

$\overline{NB}$——正常生产年份的平均利润。

运用财务收益率指标评价投资项目经济效果的判别准则为：若财务收益率大于或等于基准收益率，则接受该项目；否则，拒绝该项目。当对一个投资项目的多个投资方案进行选择时，选择财务收益率最高的投资方案。

1.2.2 贴现现金流量法

与传统静态投资决策理论相比，贴现现金流量（Discounted Cash Flow，DCF）方法不仅计入了资金的时间价值，而且考察了投资项目在整个寿命期内收入与支出的全部经济数据，因此，相对来说更加全面、科学。

1.2.2.1 净现值法

净现值（Net Present Value，NPV）法是将项目寿命期内每年发生的现金流量按照一定的折现率折算到同一时点（通常是期初）后再进行累加，从而得到该项目的净现值。其计算公式为：

$$\begin{aligned} NPV &= \sum_{t=0}^{n} (CI_t - CO_t)(1 + i_0)^{-t} \\ &= \sum_{t=0}^{n} (CI_t - K_t - CO'_t)(1 + i_0)^{-t} \end{aligned} \tag{1-3}$$

式中 NPV——净现值；

CI_t——第 t 年的现金流入量；

CO_t——第 t 年的现金流出量；

K_t——第 t 年的投资支出；

CO'_t——第 t 年除投资以外的现金流出量；

n——项目的寿命周期；

i_0——基准折现率。

运用净现值指标评价投资项目经济效果的判别准则为：若净现值大于或等于零，则接受该项目；否则，拒绝该项目。当对一个投资项目的多个投资方案进行选择时，选择净现值最大的投资方案。

1.2.2.2 净现值指数法

净现值指标用于多方案比较时，不考虑各方案投资额的大小，因而不直接反映资金的利用效率。为了考察资金的利用效率，通常用净现值指数（$NPVI$）作为净现值的辅助指标。净现值指数是项目净现值与项目投资总额现值之比，其经济意义是单位投资现值所能带来的净现值。其计算公式为：

$$NPVI = \frac{NPV}{K_p} = \frac{\sum_{t=0}^{n}(CI_t - CO_t)(1 + i_0)^{-t}}{\sum_{t=0}^{n}K_t(1 + i_0)^{-t}} \tag{1-4}$$

式中 K_p——项目总投资现值。

运用净现值指数评价投资项目经济效果的判别准则与净现值法相同。

1.2.2.3 内部收益率法

内部收益率（Internal Rate of Return，IRR）法又称“财务内部收益率法”，是用内部收益率来评价项目投资财务效益的方法。所谓内部收益率，就是资金流入现值总额与资金流出现值总额相等即净现值等于零时的折现率，它必须满足下列方程：

$$NPV(IRR) = \sum_{t=0}^{n}(CI_t - CO_t)(1 + IRR)^{-t} = 0 \tag{1-5}$$

式中 IRR——内部收益率。

运用内部收益率指标评价投资项目经济效果的判别准则为：若内部收益率大于或等于基准折现率，则接受该项目；否则，拒绝该项目。当对一个投资项目的多个投资方案进行选择时，选择内部收益率最高的投资方案。

1.2.2.4　动态投资回收期法

为了克服静态投资回收期未考虑资金时间价值的缺点，有时采用动态投资回收期 T_p^*，其计算公式如下：

$$\sum_{t=0}^{T_p^*} NB_t = \sum_{t=0}^{T_p^*}(B_t - C_t)(1 + i_0)^{-t} = K \qquad (1\text{-}6)$$

1.2.2.5　决策树法

决策树（Decision Tree）法又称决策图法，是风险决策中常用的方法[16,17]。它是一种在不确定的情况下，利用各方案的损益折现期望值进行决策的方法，由于形似树枝而得名，见图 1-1。在图 1-1 中，方框结点叫决策点。由决策点引出若干条直线，每条直线代表一个方案，叫方案枝。在各个方案枝末端的圆圈叫状态结点。由状态结点引出若干条直线，每条直线代表一个自然状态及其可能出现的概率，称为概率枝。在概率枝末端画个三角形，叫结果点。在结果点旁边列出

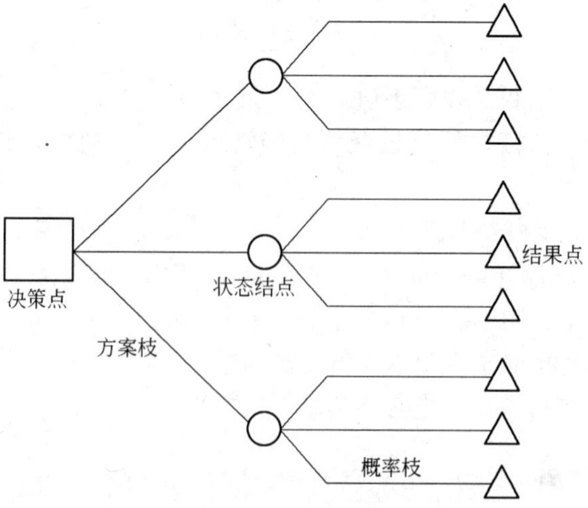

图 1-1　决策树模型

不同状态下的收益值或损失值，以供决策之用。

利用决策树法进行决策的基本步骤如下：

（1）绘制决策树图。按照从左到右的顺序画决策树，此过程本身就是对决策问题的分析与梳理过程。

（2）按照从右到左的顺序计算每个方案的期望值，并将结果写在相应方案节点上方。

（3）比较各个方案期望值的大小，进行剪枝优选。在舍去备选方案枝上，用“=”记号隔断。

1.2.2.6 蒙特卡洛模拟法

蒙特卡洛模拟法（Monte Carlo Simulation Analysis）又称随机模拟法，其实质是按照一定的概率分布产生随机数的方法来模拟可能出现的随机现象[18,19]。其实施步骤如下：

（1）确定风险随机变量及其概率分布；

（2）为各随机变量抽取随机数，并将抽得的随机数转化为各输入变量的抽样值，将抽样值组成一组项目评价基础数据；

（3）选取经济评价指标，如内部收益率、财务净现值等，根据得到的基础数据计算出一种随机状况下的评价指标值；

（4）重复上述过程，进行多次反复模拟，得出多组评价指标值；

（5）整理模拟结果所得评价指标的期望值、方差、标准差和它的概率分布及累计概率，绘制累计概率图，同时检验模拟次数是否满足预定的精度要求。根据上述结果，分析计算项目在一定置信水平下是否可行。

1.2.3 实物期权理论

1.2.3.1 期权及其特点

期权（Futures Option）是一种选择权，期权交易实质上是一种权利的买卖[20]。期权的买方在向卖方支付一定数额的货币后，即拥有在一定的时间内以一定价格向对方购买或出售一定数量的某种商品或有价证券的权利，而不负必须买进或卖出的义务。按期权所包含的选择权的不同，期权可分为看涨期权和看跌期权；按期权合约对执行时间的限制，期权可分为欧式期权和美式期权。

期权是一种合约，赋予买方一种权利而不是义务。而期权的卖方只有义务而没有权利。因此，期权买卖双方的权利和义务是不平等的，也就是说，是不对称的，买方处于有利地位。

1.2.3.2 实物期权及其分类

实物期权的概念从金融期权而来，指项目投资者在投资过程中所用的一系列非金融性选择权，即获得未来开发、利用特定资产的权利[21]。实物期权的标的资产不再是股票、债券、期货等金融资产，而是某个投资项目或投资机会，它们可以理解为项目所对应的设备、土地和厂房等实物资产。迈尔斯（Myers，1977）[22]首先指出，当投资对象是高度不确定的项目时，传统 DCF 理论低估了实际投资。他认为不确定下的组织资源投资可以运用金融期权的定价技术，组织资源投资虽然不存在正式的期权合约，但高度不确定下的实物资源投资仍然拥有类似金融期权的特性，这使得金融期权定价技术可能被应用到这个领域。

特里杰奥吉斯（Trigeorgis，1996）将实物期权分为七类[23]：递延期权、改变运营规模期权、转换期权、放弃期权、增长期权、分阶段投资期权、复合期权。其中改变运营规模期权包含了三种期权：扩张期权、收缩期权、停启期权。期权应用领域及相关文献见表 1-1[24,25]。

表 1-1 期权的分类

期权类型	期权的描述	应用领域	主要研究者及文献时间
增长期权	早期投资是对未来增长机会跟进投资的先决条件	基础设施以及战略性产业，尤其是高科技、研发产业、跨国运营、战略收购	Myers(1977,1984) Brealey&Myers Kester(1984,1993) Chung&Charoenwong(1991)
改变运营规模期权	调整产出规模以适应市场需要	自然资源的运营，例如采矿业、消费品、房地产	McDonald&Siegel(1985) Brennan&Schwartz(1985) Trigeorgis&Mason(1987) Pindyck(1988)

续表 1-1

期权类型	期权的描述	应用领域	主要研究者及文献时间
转换期权	管理者根据市场需求改变产出类型或者在产出不变的情况下改变投入	产出转换：产品少量多批，如玩具、汽车； 投入转换：给料型产业，如电力产业、医药	Kulatilaka&Marks(1988) Kulatilaka(1993) Kogut&Kulatilaka(1993)
递延期权	管理者拥有有价值的资源，等待市场机会的出现以更好地利用	自然资源的开采、房地产开发	Tourinho(1979) McDonald&Siegel(1986) Paddock&Siegel(1986) Smith(1988) Titman(1985) Ingersoll&Ross(1992)
分阶段投资期权	将投资分为多个阶段，每一个阶段根据已有信息决定是否继续投资	研发密集型产业，如制药行业；资产密集型长期投资项目，如大规模基建项目	Majd&Pindyck(1987) Carr(1988) Trigeorgis(1993)
放弃期权	在不利情境下永久放弃项目的营运，变现设备和资产	资本密集型产业，如航空、铁路、金融服务、新产品开发	Myers&Majd(1990)
复合期权	实际项目常是相互影响的多个实物期权的组合	上述多数产业中的实际项目	Brennan&Schwartz(1985) Trigeorgis(1993) Kulatilaka(1994)

1.2.3.3 实物期权定价的理论基础

1973 年，Black 和 Scholes 在 Merton 的帮助下构造了期权的动态复制组合，并推导得到风险中性的期权定价技术——著名的 Black-Scholes 模型[26]。1976 年，Cox 等人提出的离散时间二项式定价模型使得期权定价相对简单易行[27~29]。1978 年，Margrabe 讨论了两种风险资产互换的期权定价[30]。1982 年，Stulz 分析了两个风险资产的最大（小）值的期权的定价[31]。1987 年，Johnson 进一步把上述分析拓展到对多种风险资产的期权定价[32]。这些研究使得分析放弃、转换用途的实际投资机会（实物期权）成为可能。1979 年，Geske 讨论了复合期权的定价，这在理论上可用于评估增长投资机会的价值[33]。1988 年，Carr 综合上述两类工作分析了序列交换期权的定价[34]。以上这些工作，在理论上可以用来对序列投资以及其他实际投资机会（实物期权）进行定价[35]。

1.2.3.4 实物期权定价理论综述

关于实物期权定价理论研究方面的文献目前已经有很多，这些研究文献大多是针对某一种实物期权进行分析。Merton[36,37]的研究表明，在与标准 DCF 法相同的假设下，可以用推导标准的期权定价模型的方法来建立实物期权的定价模型。尽管实物期权不存在交易市场，但其定价过程仍然可以按照金融期权定价的基本思路进行。Dixita 与 Pindyck[38]指出实物期权定价的理论模型同样建立在非套利均衡的基础上。

McDonald 和 Siegel[39]，Paddock、Siegel 和 Smith[40]等都讨论了推迟期权。Ingersoll 和 Ross[41]研究了利率变化对投资价值的影响。Pindyck[42]研究序列投资中推迟期权的价值，并分析了最佳投资进度安排。Trigeorgis 和 Mason[43]研究了膨胀和收缩期权。McDonald 和 Siegel[44]给出了可延迟项目的评价方法与停启期权的连续定价方法；Myers[45]等人给出了放弃期权的连续定价模型。Margrabe[46]研究了转换期权的定价问题。Myers[47]、Kester[48]、Trigeorgis[49]等把将来的投资机会看作是公司的增长期权，并进行了研究。

从本节已经列举的和尚未列举的关于实物期权定价理论的研究成果来看，一方面，这些研究丰富了实物期权定价的理论；另一方面，由于它们主要是针对特定时段的特定种类的实物期权进行定价，所以没有太大的实际应用价值。因为现实中投资项目一般比较复杂，通常一项投资中包括多种实物期权，而且这些期权的价值互相影响[35]。

1.2.4 期权博弈理论

1.2.4.1 期权博弈概述

由于实物期权在绝大多数情况下不具有金融期权的排他性，因此，从本质上决定了不能简单地用标准金融期权定价公式对投资决策进行评估。特别是近年来企业面临的市场环境越来越倾向于不完全竞争，企业在投资决策时，不仅要面临不确定因素，还必须考虑来自对手的竞争互动因素。实物期权理论与博弈论结合而形成的期权博弈理论（Option-game）逐渐成为了研究热点。期权博弈理论同时将不确定性、竞争和信息不完全等因素纳入到同一个研究框架，在期权定价理论方法的基础上，利用博弈论的思想、建模方法对包含实物期权的投资项目进行评价，为企业投资决策提供了更加科学的理论基础[50]。

1.2.4.2 期权博弈方法的理论框架

期权博弈投资战略分析方法的核心在于：一是项目价值函数的确定；二是在价值函数的基础上，在竞争的环境下确定最佳的投资时机，并由此形成最优投资战略。所以，实物期权、博弈论和传统的NPV理论是期权博弈理论的三个重要基石。韩款、石善冲[51]提出的期权博弈投资战略分析的理论框架体系如图1-2所示。

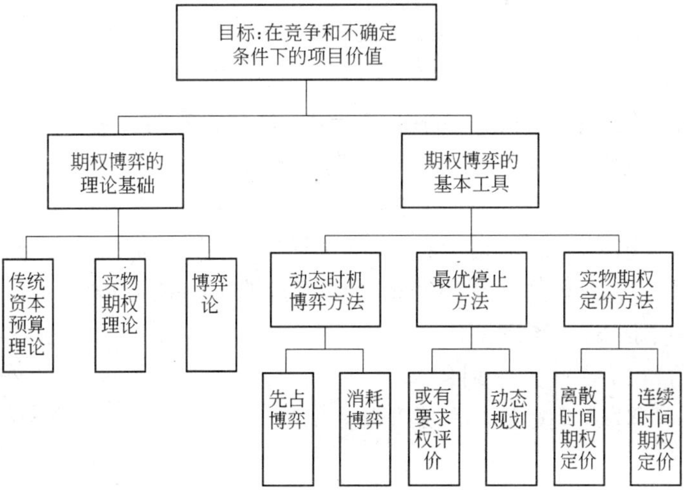

图1-2 期权博弈的理论框架体系

一般说来，期权博弈方法的工作流程大体包括项目估价及投资决策假设和变量设置、项目投资的不确定因素的数学描述、实物期权估价、市场结构分析、博弈分析方法和模型选择及科学决策等方面。

1.3 实物期权理论在矿业投资决策中的应用

1.3.1 国外研究概况

国外早期实物期权理论都是应用于石油、天然气等矿产资源的开发方面。因为矿产资源价格波动性比较大而且投资存续期比较长，因而产生了价值较高的期权。Brennan 和 Schwartz[52]分析了暂停（再开始）采矿的实物期权以及放弃采矿的实物期权的综合价值。他们指出，转换矿场运营状态的部分不可逆转性会产生一种惯性或者滞后效用，这使得长期保持稳定的运营状态相对有利。Paddock、Siegel 和 Smith[40]探讨了沿海石油矿藏的评价，建立了美式买权定价模型，并与传统的投资决策等理论进行了比较，指出未来不确定性因素越多，实物期权的价值越大。Trigeorgis[53]针对跨国石油公司的矿产开采计划，提出了开发方案中含有多种期权，并针对这些期权提出了评价模型。

Copeland 等[54]研究了期权定价在进行石油开采和矿山租赁时，他们的客户对推迟开采和扩大规模有选择权。Bjerksund 和 Ekem[55]对未开发的挪威北海油田的研究表明，优化投资时间可增加 63 万美元的现金流量，占 DCF 法计算的期望现金流量的 12.6%。1992 年，Cavender[56]应用期权定价理论对美国一个小型金矿的研究表明，管理当局应用关闭矿山和恢复生产的选择权时，可增加 3.8 万美元的现金流量，占 DCF 法计算的期望现金流量的 16.6%。1996 年，Moyen 等[57]应用期权定价理论建立了一个评估金属市场价格和生产技术所决定的价值模型，并利用加拿大一个铜矿进行了验证。1993 年，Kemna[58]对矿业投资中的时机选择期权、成长期权和放弃期权进行了研究。

1.3.2 国内研究概况

张能福、蔡嗣经、刘朝马[59]分析研究了矿业工程投资的不确定性和投资的可延迟性给矿业投资带来的投资机会价值，运用实物期权评价方法，建立了矿业投资机会价值评价模型；讨论了突发事件对矿业投资价值的影响，建立了相应的分析方法和评价模型。刘朝马、刘冬梅、蔡美峰[60]运用管理选择权，遵循标准的期权定价过程，建立了矿业开发价值和矿业工程评估模型。

任玉平[61]、张磊、胡城翠[62]构建了煤炭资源开发效益的实物期权定价模型。张能福、蔡嗣经[63]应用实物期权定价的理论和方法，讨论了投资项目在不确定性因素下的投资机会价值，并结合煤炭资源投资项目的特点，分析了矿山投资项目建设期对投资价值的影响，建立了投资机会价值的评估模型。

常琛、卢国斌[64]分析了实物期权方法在采矿权评估中的应用。邹绍辉、张金锁[65]在基于期权的采矿权价值形成机理研究的基础上，假定无采矿权交易成本、不考虑关闭和开启矿山时的成本和矿山的永久性废弃以及利率为无风险利率的情况下，研究了矿产资源储量价值随机波动下的基于期权的矿产资源采矿权估价单因素模型。倪莎、陈剖建、郑艳琳[66]采用期权定价理论对包含实物期权的采矿权价值进行评估，继而利用博弈论的研究方法研究不确定条件下不同投资者之间策略互动，最后给出拍卖项目定价的一般表达式。

张永峰、陈汉林、贾承造等[67]针对油气勘探开发项目中存在的两种典型实物期权——终止期权和停启期权的特点与价值构成进行了分析，构建了基于二叉树理论的期权复合计算模型，有效地解决了不同类型期权价值的复合计算问题。罗东坤、汪华[68]分析了石油勘探所具有的实物期权特性、原油价格波动模型以及储层参数和经济因素不确定性对勘探项目价值的影响，根据勘探项目多阶段投资的特性，利用风险中性期望算子和无风险贴现率建立了石油勘探投资多阶段实物期权评价模型，提供了评估勘探项目阶段性投资管理弹性价值的方法，并通过实例验证了该方法的可操作性。

李松青、刘异玲[69]应用实物期权理论与方法，构建基于延迟实物期权的矿业投资决策模型，并运用算例说明了模型的有效性。黄生权、陈晓红[70]运用实物期权理论，建立了矿业投资最佳时机决策模型。张宏哲、李英龙[71]分析了复合期权模型在矿业工程投资决策中的应用。

1.4 投资决策理论在我国的应用状况

1.4.1 实际应用状况

尽管国内外学者从学术上研究了实物期权、期权博弈理论在各领域的应用，但其实际应用却又是另一番景象。2004 年，南开大学齐寅峰教授做了一个调查[72]，发现我国企业最常用的投资决策方法首先是投资回收期法，其次是内部收益率法和净现值法，主观判断仍然占有很大的比重。在大规模企业中，上市公司更倾向于使用量化决策方法，非上市公司更倾向于使用主观判断法。与上市公司和规模大的公司相比，非上市公司和规模小的公司在投资决策时主要依靠非财务分析方法决定项目的取舍。在实际运用中，最感困惑的普遍是对未来现金流的估计，可见，根本的问题还是对未来不确定性的把握。虽然有了不确定性这样一种认识，但碍于新兴期权理论的复杂、抽象，大都不得不选择传统的决策方法。

1.4.2 简要评述

投资决策理论的发展，究其实质是要在传统理论（DCF）的基础上去关注投资活动中的不确定性。一项投资的取舍，归根到底要取决于净现值。当然，这里的净现值不再是传统意义上仅仅基于对未来现金流的简单估计，而是考虑了各种不确定因素之后所得到的净现值。传统理论完全不考虑投资过程中实际存在的不确定性，实物期权及其与博弈理论的结合对不确定性的处理提供了很好的思路。遗憾的是，由于新理论表现形式对高等数学的严重依赖，成就了它的高雅与抽象，难以为普通大众亲近、接受并运用。实物期权的构造必须在考虑问题的全面性和解决问题的实用性之间权衡。期权理论引入实物投资领域，必须全方位考虑实物环境的新特点，所建立的模型必须力求直观、易懂，不能让它仅仅停留在提供一种新的思维方式上。任何一种理论，只有在被广泛接受、广泛付诸实际应用时，才能体现其潜在的价值[14]。

1.5 柔性决策理论

1.5.1 柔性决策理论基础

1.5.1.1 有限理性原理

有限理性（Bounded Rationality）的概念是肯尼思·阿罗提出的，他认为有限理性就是人的行为“既是有意识地理性的，但这种理性又是有限的”。在诺思看来，人的有限理性包括两个方面的含义：一是环境是复杂的，在非个人交换形式中，人们面临的是一个复杂的、不确定的世界，而且交易越多，不确定性就越大，信息也就越不完全；二是人对环境的计算能力和认识能力是有限的，人不可能无所不知[73]。

1.5.1.2 复杂适应系统理论

复杂适应系统（Complex Adaptive System，以下简称 CAS）理论是美国霍兰（John Holland）教授于 1994 年在 Santa Fe 研究所成立十周年时正式提出的。复杂适应系统（CAS）理论的提出对于人们认识、理解、控制、管理复杂系统提供了新的思路。

复杂适应系统理论的基本思想是：CAS 的复杂性起源于其中的个体（Active Agent）的适应性，正是这些个体与环境以及与其他个体间的相互作用，不断改变着它们的自身，同时也改变着环境。CAS 最重要的特征是适应性，即系统中的个体能够与环境以及其他个体进行交流，在这种交流的过程中“学习”或“积累经验”，不断进行着演化学习，并且根据学到的经验改变自身的结构和行为方式。各个底层个体通过相互间的交互、交流，可以再上一个层次，在整体层次上凸现出新的结构、现象和更复杂的行为，如新层次的产生、分化和多样性的出现，新聚合的形成，更大的个体的出现等[74]。

1.5.1.3 协同学理论

协同学理论是 1974 年德国物理学家哈肯提出来的，也可称为非平衡系统的自组织理论。协同学理论源于现代物理学和非平衡统计物理学，是一门研究完全不同的学科中存在的共同本质特征的横断科学。它通过分类、类比，描述各种系统和运动现象中从无序到有序转变的共同规律。所谓协同，按照哈肯的观点，就是系统中诸多子系统的相互协调的、合作的或同步的联合作用、集体行为。协同是系统整体性、相关性的内在表现[75]。

协同学理论的主要观点为：一是协同导致有序，所谓协同，就是协同作用；二是自组织理论，所谓自组织，哈肯特别强调，指的是系统在没有外部指令的条件下，其内部子系统之间能够按照某种规则自动形成一定的结构和功能，它具有内在性和自主性。自组织理论是协同学的核心。

1.5.2　柔性的概念及演变

关于柔性的研究最早出现在柔性制造系统（FMS）中，柔性是相对 1968 ~ 1973 年期间英国、日本出现的机械工业刚性自动化而言的，它融合了物料流、能量流、信息流而具有对工件品种和批量变化的自动响应能力。现在引用最多的定义是由 Mandelbaum（1978）给出的，即柔性是指对环境变化有效的反应能力[76]。Mascarenhas（1981）给出生产制造柔性较早的定义"生产制造系统应对变化的环境和由环境引起的不稳定性的能力"。Cox（1989）将生产制造柔性定义为"工厂对市场情况变化做出反应的快速和容易程度"。Nagarur（1992）以应用的角度将柔性定义为"系统能快速做出调整并适应任何相关因素（如产品、生产过程、生产负荷和机器故障）变化的能力"。然而 Upton（1994）提出了一个更具综合性的定义"以较少的时间、精力和成本或较好的绩效做出变化和反应的能力"[77]。

从国内来看，华宏鸣（1994）认为企业的柔性是指企业能快速地而且无附加费用地适应形势变化的能力，也就是应变能力，为了实现这种能力，企业需要有全面的生产柔性，它包括生产过程柔性、产品柔性和基础结构柔性[78]。刘曙光、陈荣秋、鞠静（1997）为解决柔性操作性问题，在给出柔性基本性质的基础上，提出了柔性的比较性定义，即如果环境变化的增加给某一系统的性能带来的变化比处于同样条件下的其他系统的变化更理想，那么，这一系统更具柔性[79]。

汪应洛、李垣、刘益（1998）提出了柔性战略的概念，即是指企业为更有效地实现企业目标，在动态的环境下，主动适应变化、利用变化和制造变化以提高自身竞争能力而制定的一组可选择的行动规则及相应方案[80]。龚代华、陈荣秋、朱静萍（1998）将企业柔性定义为企业决策反应能力、实现反应能力所协调出来的应付环境变化的能力[81]。

范龙振、唐国兴（1998）借用生产管理中的柔性概念，把经营者适应市场无法预料的变化，调整生产经营和资本运营的能力称为经营柔性。经营柔性可以使经营者抓住市场有利机会，也可以在市场不利的情况下尽量减少损失[82]。程仲鸣、王海兵（2003）认为投资项目柔性是公司理财柔性系统的一个分支，它是指在投资环境的变化或由此引起的不确定性情况下，公司从众多的生产经营项目中自主灵活地选择效益最佳的投资项目的能力[83]。

陈君玉（2002）认为所谓"柔性"是指柔软性和灵活性。对企业来说，就是适应内外环境变化的能力[84]。由于内部、外部环境变化的形式是多种多样的，从不同角度可以定义不同种类的柔性，如机床柔性、产品柔性、加工柔性、工序柔性、运行柔性、产量柔性、扩展柔性、生产柔性等；而且柔性是具有层次性的，不同层次的柔性对系统性能的影响也不相同[85]。

综上可知，柔性反映的是一个组织或系统应对环境变化的能力，并且柔性不仅仅是指适应和应对环境的变化，还应当包括利用组织或系统已有的柔性去寻求和制造变化，从而利用这种"自发的变化"来构造自身的竞争优势，给竞争对手施加环境变化的压力。

1.5.3 柔性决策的含义

现实经济中的决策问题，大多是复杂的、不确定的、具有风险的决策问题。这些问题的决策环境往往具有很大的不确定性，会使得这类决策问题包含有许多不确知的因素，使得人们在面临此类问题时多少都会表现出一定程度的盲目性，决策者对最终行动方案选择的主要依据是个人偏好及其主观评价，而不是客观现实。而实际上，决策者可能根本就不知道客观现实是什么。目前，对于这些不确定决策问题，主要解决的途径有三个方面：（1）对状态空间概率分布未知的决策准则研究；（2）对目标函数不确定或目标评价界定不清的模糊决策的研究；（3）以决策者现实背景为依据的有限理性决策研究[83]。

柔性决策是指在不确定的、动态变化的决策环境下，决策者有能力根据新接收的信息调整旧的决策或者执行新的决策，即有能力选择相应的决策模型方法，提高决策系统的反应能力，从而实现满意的决策结果。

1.5.4 柔性决策的基本程序

一般认为，柔性决策的基本程序分为如下六个阶段：

（1）发现问题，确定目标。即在一定的环境条件下，确定希望达到的结果。

（2）搜集材料，拟订方案。通过分析项目存在的风险因素，提出各种实现目标的行动方案。

（3）分析评估。审查各种备选方案，通过“可行性分析”和“决策技术”对各种方案的利弊进行科学的表达，进行比较。

（4）选择最佳方案。从各种方案中选出一个最优方案，或综合出一个最优方案，并对其可行性加以论证。

（5）试验论证。将最佳方案在小范围实施，以验证其运行的可靠性。

（6）普遍实施，追踪检查。对出现的偏差，要及时控制，如发现方案不能实现决策目标，要重新决策。

1.5.5 柔性理论应用进展

自20世纪50年代柔性理论兴起之后，国内外理论界和企业界就给予了广泛的关注，并在诸多方面有了相关的应用研究成果。企业柔性一般分为三个不同的层次[86]：（1）战略层次的柔性；（2）组织层次的柔性；（3）生产经营层次的柔性。并且这三个层次是密切相关的。企业的长远发展要求采取柔性的战略，而柔性的战略必然要求柔性的组织来实现，柔性的组织又必然要求企业的生产经营活动也是柔性的。

1.5.5.1 战略层次的柔性

战略柔性的研究同样和企业内外部环境的变化相联系。Madhavan

（1996）把战略柔性定义为在其战略基础中考虑并且实现变化的主动性和能力[87]。但与适应性的含义有所不同。一般而言，适应性的含义非常宽泛，只要企业能够把握机遇，赢得超额收益，就可以说企业与其外部环境之间建立起了适应性关系。战略柔性则有着更为具体的含义，就企业与外部环境的关系而言，战略柔性可分为抢先和反应柔性。抢先柔性是保证企业以抢先的行动改变环境的能力。反应柔性是通过发挥机会，采取保护性的行动和纠正损失以适应环境的能力[88]。

1.5.5.2 组织层次的柔性

刘曙光、陈荣秋、马士华（1997）分析了企业在实施 CIMS 过程中普遍存在的组织结构问题，指出技术的引进必然导致组织变革；提出组织变革的目的是建立动态稳定的组织，分析了动态稳定组织的实质，剖析了组织柔性的内涵，即组织柔性是指一个组织忍受有限变化而不导致组织出现严重紊乱现象的能力，并把组织柔性分解为结构柔性、人员柔性和组织间关系柔性[89]。

谢卫红、蓝海林、蒋峦（2001）认为柔性组织是与动态竞争条件相适应的一种具有弹性的即具有适应性、创新性、学习性及敏锐性的新型组织形态，它是相对于组织层级多、结构僵化、沟通困难的刚性组织而言的。它能将组织内各要素有机地结合起来，能根据企业环境变化，适时地进行战略调整，其结构表现为扁平化与网络化。它一般适应于外部环境复杂多变的行业。柔性组织形式多样，它主要包括虚拟组织、网络组织、项目小组、无边界组织等类型。企业柔性组织是受其战略、规模、技术及人员素质、行业等因素决定的[90]。

王凤霞（2002）认为组织的柔性主要是指组织成员的柔性、生产系统的柔性、组织结构和制度的柔性及其协同作用的结果。通过重组、联盟、外包、流程再造、组织学习等方式实现塑造柔性组织的目的[91]。

徐碚、刘英姿（2004）提出了传统企业变革的过渡方案，并通过电信企业的个案应用分析，探讨了运用质量功能展开（QFD）技术确定构建柔性组织的思路和方法，剖析并给出了柔性组织的信息支撑框架[92]。孙健（2007）认为柔性化组织是当代组织变革的新趋势。柔性化组织所隐含的管理理念主要表现为：组织边界网络化、管理层级扁平化、组织结构柔性化和组织环境全球化[93]。

1.5.5.3 生产经营层次的柔性

生产经营层次上的柔性是目前研究得最多、最成熟的，已经发展到了模型化、定量化的水平。例如在生产活动中的柔性制造系统（FMS），在经营活动中的定价、促销、服务、价值创新、合谋策略以及竞争中的捆绑策略、交叉补贴等。这是企业柔性表现得最为明显、最为活跃的一个层次。限于本书的任务，不再详细介绍。

1.6 本书采用的部分现代系统优化算法简介

1.6.1 情景分析法

1.6.1.1 情景的含义

1967 年，Kahn 和 Wiener 最先提出了“情景”（Scenario）一词。他们认为：未来是多样的，几种潜在的结果都有可能在未来实现；通向这种或那种未来结果的路径也不是唯一的，对可能出现的未来以及实现这种未来的途径的描述构成了一个情景。“情景”就是对未来情形以及能使事态由初始状态向未来状态发展的一系列事实的描述[94]。

情景分析法的核心内容是经济事件情景的设定和选择。所谓情景是指对经济事件未来可能出现的状态及通向这一状态途径的描述。情景由状态情景和路径情景两部分组成，状态情景是描述经济事件及其环境未来的状态；路径情景则是描述实现这一状态的途径。情景又分为环境情景和主题情景两种。环境情景是指与经济事件有关的环境影响因素组合；主题情景是指处于环境情景中的经济事件的未来状态。一般来说，经济事件未来环境是变化的，并且可能还会有突发事件的影响，这种情况将使经济事件未来发展具有不确定性。经济事件未来环境的变化形式，构成了各种不同的环境情景。在不同的环境情景下，经济事件呈现不同的状态。对于任何经济事件都可设定大量情景，但仅有少数情景是有可能出现的，需要进行分析选择[95]。

1.6.1.2 情景分析的本质特点

情景分析方法具有以下的本质特点[96]：

（1）承认未来的发展是多样化的，有多种可能的发展趋势，其预测结果也将是多维的；

（2）承认人在未来发展中的“能动作用”，把分析未来发展中决策者的群体意图和愿望作为情景分析中的一个重要方面，并在情景分析过程中与决策人之间保持畅通的信息交流；

（3）在情景分析中，特别注意对组织发展起重要作用的关键因素和协调一致性关系的分析；

（4）情景分析中的定量分析与传统趋势外推型的定量分析区别在于：其在定量分析中嵌入了大量的定性分析，以指导定量分析的进行，所以是一种融定性与定量分析于一体的新预测方法；

（5）情景分析是一种对未来研究的思维方法，其使用的技术方法手段大都来源于其他相关学科，重点在于如何有效获取和处理专家的经验知识，这使得其具有心理学、未来学和统计学等学科的特征。

1.6.1.3 情景分析法的基本步骤

一般来说，情景分析法的基本步骤如下[97,98]：

（1）研究主题的确定。即利用情景分析法解决什么方面的问题，解决这些问题的重要意义。

（2）主要影响因素的选择。影响因素是指影响未来发展趋势的因素，可以说是造成未来情景变化的主要原因。影响因素状态的改变决定着未来的发展趋势和方向。要利用情景分析法对未来的情景进行预测和描述，必须先确定该主题的主要影响因素。

（3）方案的描述与筛选。将关键影响因素的具体描述进行组合，形成多个初步的未来情景描述方案，然后对方案做进一步的处理，也就是进行筛选。方案筛选是一个非常关键的步骤，一时疏忽就可能导致错误的决策。进行筛选时，尽量选择战略重要性高同时发生概率高的方案。

（4）模拟未来。对不同方案情景设定、量化的指标进行评述和修订。然后将量化的指标输入相应的模型，对得出的结果进行定量分析。

（5）制订战略。根据模型预测的结果，结合实现这些目标的情景假定条件，得出不同层面的政策措施（如技术方面、经济方面等），从而为有关部门提供决策依据。

1.6.2 人工神经网络算法

1943 年，心理学家 McCulloch 和 Pitts 合作提出了形式神经元的数学模型（即 MP 模型），开创了神经科学理论研究的时代。MP 模型用逻辑的数学工具研究客观世界的事件在形式神经网络中的表达。从此以后，大量开拓性的研究工作推动与发展了神经网络的模型与学习算法，特别是在 1982 年，美国加州工学院物理学家 Hopfield 提出了 HNN 模型，引入了“计算能量函数”的概念，给出了网络稳定性判据，从而有力地推动了神经网络的研究与发展[99]。

近年来，神经网络理论引起了美国、日本以及欧洲一些国家的科学家和企业家的巨大热情。而神经网络的应用已经渗透到许多领域，并在模式识别、机器视觉、信号处理、非线性化、智能控制、遥感等方面取得了重大进展。目前神经网络的研究正逐步深入，由单纯的神经计算转向计算智能并结合脑科学的研究向生物智能方向发展，以开拓神经网络研究的更为广阔的前景。

人工神经网络是人脑的某种抽象、简化或模拟，其研究基础主要包括：生物学基础、认知科学基础、数学和非线性动力学基础以及实现的物质基础等。它由大量神经元广泛互联而成，网络的信息处理由神经元之间的相互作用来实现并以大规模并行分布方式进行，信息的存储体现在网络中神经元互连分布形式上，网络的学习和识别取决于神经元间连接权系数的动态演化过程。

1.6.2.1 神经网络的结构特点

神经网络的互连结构的基本特点可归纳如下：

（1）神经网络是由大量的神经元互相连接而成的；

（2）大量神经元按不同方式连接，构成不同类型的神经元网络；

（3）各神经元间连接强度由神经网络内部权值决定，当一个神经网络的结构确定后，将根据学习规则调整神经元间连接强度，从而获得有关问题领域的知识，即学习适应和自组织；

（4）各神经元的操作可以是同步的，也可以是非同步的。

1.6.2.2 常用的神经网络

常用的神经网络主要可以分为前馈神经网络、反馈神经网络和局部逼近神经网络。前馈神经网络又可分为感知器和 BP 神经网络，其中感知器主要用于模式分类，而 BP 神经网络可以实现输入到输出的任意非线性映射，所以得到了广泛的应用。反馈神经网络又可分为 Hopfield 网络和 Boltzmann 机，它们是动态神经网络，需要工作一段时间才能达到稳定，主要用于对动力学模型的仿真、预测、组合、优化等方面。局部逼近神经网络又可分为小脑模型关节控制器（CMAC）、B 样条神经网络、径向基函数（RBF）神经网络和小波神经网络，这些网络都具有局部逼近能力，有学习速度快的优点。考虑到后面采用的神经网络算法为 BP 神经网络，所以下面只简单介绍 BP 网络算法。

1.6.2.3 误差回传神经网络

误差回传神经网络（Back-Propagation Neural Network，简称 BP 网络）是一种对非线性可微分函数进行权值训练的多层前馈神经网络，具有分层结构（如图 1-3 所示），前后层分别是输入层与输出层，中间为隐蔽层，信息从输入层依次向前，直到输出层。由于该网络连接权值调整采用的是反向传播的学习算法，因此该网络被称为 BP 网络。

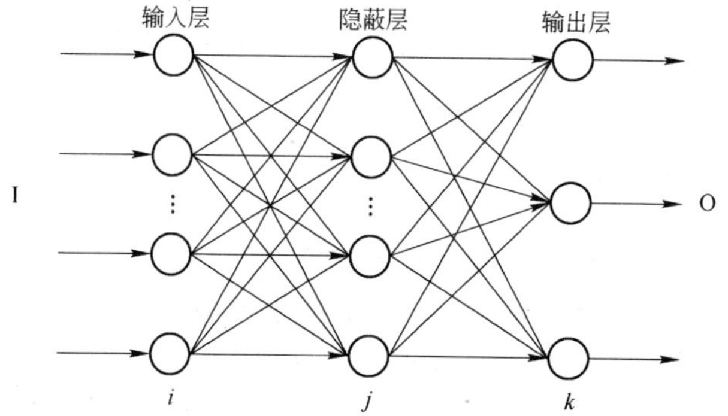

图 1-3 BP 网络结构

Hecht-Nielsen 在 1989 年证明一个三层的神经网络可以任意逼近一个非线性函数[100]。在人工神经网络的实际应用中，80% ~90% 的人工神经网络模型是采用 BP 网络或它的变化形式。BP 网络主要用于以下几个方面：

（1）函数逼近。用输入矢量和相应的输出矢量训练一个网络，以实现对一个函数的逼近。

（2）模式识别。用一个特定的输出矢量将它与输入矢量联系起来。

（3）分类。把输入矢量以所定义的合适方式进行分类。

（4）数据压缩。减少输出矢量维数以便于传输或存储。

可以说，BP 网络是人工神经网络的核心内容，体现了人工神经网络最精华的部分。

BP 网络学习算法的具体步骤为：

（1）从训练样本集中取某一样本，把它的输入信息输入到网络中；

（2）由网络正向计算出各层节点的输出；

（3）计算网络的实际输出与期望输出的误差；

（4）从输出层起始反向计算到第一个隐层，按一定原则向减小误差方向调整网络的各个连接权值；

（5）对训练样本集中的每一个样本重复以上步骤，直到对整个训练样本集的误差达到要求为止。

通过网络训练达到要求后，网络各节点间互连权值就完全确定，则称 BP 网络已经学习好。

1.6.3 综合评价理论

1.6.3.1 综合评价的概念及分类

综合评价可以定义为通过一定的数学模型（或算法）将多个评价指标值“合成”为一个整体性的综合评价值。综合评价要解决的几大问题是：确定被评价对象；建立评价指标体系；确立与各项评价指标相对应的权重系数；选择或构造综合评价模型；计算各系统的综合评价值并进行排序[101,102]。

根据权重系数是否可变，综合评价可以分成两类：一类是常权综合评价，确定权重方法有数十种之多，但基本上可以归为主观赋权法、客观赋权法和组合赋权法三类；另一类是变权综合评价，即权重不再是固定不变，而是随着指标数值的变化而不断变化。在实际应用中，当评价的一项指标极端恶劣时，若按常权来处理，由于评价因素较多，分配给各因素的权重相对较低，往往掩盖某些指标的恶劣状态，从而使得得出的评价结论不能反映客观实际。而变权评价可以克服这一缺点。在后面的评价与决策中，这两种方法都将用到。

1.6.3.2 权变的基本思想

A 我国古代的权变思想

我国的权变思想源远流长。孔子曾明确表示“疾固”，即讨厌那种顽固不通的人。他的学生也一致判定，孔子没有凭空揣测、绝对肯定、拘泥固执、唯我独尊四种毛病。他在推行中庸之道时，也主张将原则性与灵活性结合起来，即“君子之中庸，君子而时中”，把审时度势视为执中的要件。贯彻这一主张，孔子认为，“君子之于天下也，无适也，无莫也，义之与比。”（君子立身处世于天下，既不坚执敌视，也不倾力贪慕，只以正当合理为依凭。）这就需要权衡。因此，孔子把权变的能力视为一个人成熟与否的最高标准[103]。

孟子是我国古代著名的思想家，其思想除了具有伦理和政治价值取向外，还具有通权达变的特点，被誉为“中国古代权变管理大师”，其思想中充满了现代权变理论的主要观点[104]，如对权变重要性的认识，“杨子取为我，拔一毛而利天下不为也。墨子兼爱，摩顶放踵为之。子莫执中。执中为近之；执中无权，犹执一也。所恶执一者，为其贼道也，举一而废百也。”（《孟子·尽心上》）以时间为转移的权变思想，“彼一时，此一时也。”以空间为转移的权变思想；以对象为转移的权变思想；以条件为转移的权变思想，“非其君不事，非其民不使；治则进，乱则退，伯夷也。何事非君，何使非民；治亦进，乱亦进，伊尹也。可以仕则仕，可以止则止，可以久则久，可以速则速，孔子也。”（《孟子·公孙丑上》）以时局为转移的权变思想，“大人者，言不必信，行不必果，惟义所在”（《孟子·离娄下》）。

B 现代权变的基本思想

权变管理理论（Contingency Management Theory）形成于20世纪70年代，到20世纪80年代达到顶峰，直到现在都是世界上各种管理学教材的必讲内容。对权变管理理论的研究最初是从组织结构和领导方式的研究开始的[105]。权变管理是以系统观点来考察组织的，与系统管理理论有着十分密切的关系。它的理论核心就是将组织视作“开放系统”。管理不是一种与外界隔绝的活动，因为管理人员是在特定的文化价值准则和体制内管理组织并做出决定的。

权变管理理论通过分析组织的各子系统内部和各子系统之间的相互联系，以及组织和它所处的环境之间的联系，来确定各种变数的关系类型和结构类型。权变管理理论强调管理者在实践中要根据特定的环境采取相应的管理理论、方法和技术。

2 矿业投资决策系统要素

在进行矿业投资之前必须首先对所投资项目的基本要素、风险因素、投资矿种未来国内需求等进行系统分析，以方便决策者进行科学决策。投资项目不同，要素分析的侧重点也不尽相同，切忌生搬硬套。

2.1 矿业投资决策过程

从投资决策过程来看，矿业投资决策分为投资机会研究、投资项目可行性研究、投资项目评估和决策三个阶段。

2.1.1 矿业投资机会研究

矿业投资机会研究（Opportunity Study），也称矿业投资机会鉴别，是指为寻求有价值的矿业投资机会而对矿山项目的有关背景、资源条件、市场状况等所进行的初步调查研究和分析预测，即是指资源开发机会研究。

机会研究的方法主要是依靠经验进行粗略的估计，不进行详细的分析计算，建设投资和生产成本的估算主要是参考类似矿山投资项目套算，其精确度在 ±30% 左右。它所强调的是一个可能的投资方向和领域，一般在制订中长期规划中进行。

2.1.2 矿业投资项目可行性研究

矿业投资项目可行性研究是指矿业投资项目最终决策之前，对拟建项目进行全面技术经济分析论证的科学方法和工作手段，包括对项目的投资环境、项目的基本条件、项目规模和产品方案、主要工艺方案、项目可能存在的风险因素以及经济、社会等有关情况，进行深入细致的调查研究，对各种可能的建设方案和技术方案进行比较论证，对项目建成后的经济效益进行科学的预测和评价。

在上述基础之上，综合研究项目的技术先进性和适用性、经济合理性和有效性、建设上的可能性和可行性做出最终评价，从而为项目的最终决策提供科学依据[106]。

2.1.3　矿业投资项目评估

矿业投资项目评估是对可行性研究的精确性、可靠性、全面性进行评估，即对可行性研究报告中反映的各项情况是否属实，各项指标计算是否正确，项目的经济效益如何等进行全面的评价，形成评估报告供决策者参考[106,107]。

上述三个阶段中，每个阶段决策目标、决策主体、决策准则、决策方案都有很大的不同，而这恰恰构成了柔性决策系统的基本要素。本书重在矿业投资项目可行性研究阶段。

2.2　矿业投资决策基本要素

2.2.1　决策目标

矿业企业进行海内外直接投资一般有多个目标，而且这些目标之间往往存在相互矛盾、相互制约的一面，如获取资源与获取利润之间往往不可兼顾。全球战略性矿产资源成为世界各国具有实力的矿业公司进行争夺的对象，竞争异常激烈，因此，我国矿业企业进行海内外矿产资源开发时必须明确自己的目标。决策目标不同，带来的决策结果往往是天壤之别。一般来说，矿业投资决策目标主要有：

（1）占有资源。利用廉价、丰富的矿产资源，尤其是进行海外矿业投资时，一方面，可以满足我国国内经济建设的部分需要，缓解我国资源匮乏状况；另一方面，可以保持或提高企业的国际竞争能力，实现矿业企业的可持续发展。例如：2002 年 6 月，宝钢集团与澳大利亚哈默利斯铁矿有限公司合资，组建宝瑞吉矿山合资企业开发铁矿，投资总额为 1.2 亿澳元，合资期 20 年，2004 年投产，年产 1 千万吨优质铁矿石，合资企业产品优先供应中国市场。

（2）获取利润。获取利润是市场经济活动中最一般、最普遍、最根本的动机形式，我国矿业企业进行海内外直接投资也不例外。投资项目财务上可行是其存在的根基，也是企业进一步发展、壮大所必需的。

（3）占有市场份额。占有市场份额是矿业企业进行海内外矿业投资的重要决策目标之一。例如：2007 年 12 月，中石油与中国石油天然气勘探开发公司各出资人民币 80 亿元对中油勘探开发有限公司（中油勘探）进行增资，以每年输入 400 亿立方米的中亚天然气。增资的目的是投巨资（73.1 亿美元）开发建设中亚—中国天然气管道，以满足“西气东输”二线的天然气供应。本次增资不仅为中石油通过中油勘探的海外业务进一步促进公司业务国际化，还将大大提高中石油在我国天然气市场的份额，进而为提升财务表现带来了新的重要机会。

（4）其他目标。除了上述三个目标之外，矿业投资决策目标应该还包括其他的政治、经济、社会、技术等目标。如加速成熟技术、大型或即将淘汰设备输出，发展与其他国家的睦邻友好关系，促进当地经济、社会发展，换取在其他领域的合作等。

2.2.2 决策主体

矿业投资项目的决策主体是企业。根据分层次授权责任决策机制，一般投资项目可相对简化决策程序，直接授权相关部门或人员在职责范围内决策，并报最高决策层备案。重大投资项目应当遵循科学化、民主化、程序化的原则，由最高决策层集体决策，这个最高决策层可能是经理层，也可能是董事会，还可能是股东大会，应根据对外投资限额的大小以及各单位的具体情况而定[108]。

2.2.3 决策准则

矿业投资项目必须有相应的决策准则以进行投资方案的比较选择，而不同的决策目标对应着不同的决策准则，应视具体情况而定。从柔性管理角度来看，优选应遵循以下基本原则：一是技术上可行；二是经济上合理或可以接受；三是在经济效益指标差别不大的情况下，以技术简单可靠为优；四是如果项目运营不善或失败，对企业现有生产经营系统带来的影响尽可能小。

2.2.4 决策方案

矿业投资方案的提出涉及到地质、采矿、选矿、冶炼、矿机、给排水、土建、电气、安全、环保、技术经济、工程造价等多个专业，需要多个部门相互配合才能提出若干个可行的方案，然后进行比较选优。方案提出的过程即是论证的过程，由于受经费、人员、信息不充分等限制，致使提出的方案也将非常有限，不可能也没有必要将所有的方案一一提出。如何以最低成本、最快速度提出若干较优投资方案以供决策者参考，即机制设计，是矿业投资决策中必须要解决的问题之一。

2.3 矿业投资决策风险因素

2.3.1 国别风险因素

国别风险是指项目所在国的政治和社会等因素的不确定性所带来的风险，如由于政局动荡、社会治安乱、突发事件多等使得项目无法正常生产和运营而带来的风险。对国别风险的规避，项目投资建设前应充分调查论证，项目建成后应建立政治和社会风险识别、判断和应对机制，将可能出现的社会风险对项目的影响程度降到最低。

2.3.2 法律、政策风险因素

法律、政策风险是指由于东道国政府法律、政策作出重大调整，造成本项目原定目标难以实现甚至无法实现而带来的风险。建议密切关注东道国政府未来相关政策的变化情况，及早分析研究，采取合理对策，以规避可能出现的法律、政策风险给项目带来的损失。

2.3.3 外汇风险因素

外汇风险指由于汇率发生重大变化，产生严重汇兑损失给项目建设和运营带来困难而带来的风险。汇率因素的变化尤其对海外矿业投资项目的经济效益影响较大，因此，应当与当地政府部门以及中央银行保持长期的、密切的业务联系，以获得最符合正常市场的汇率，保证企业利益的最大化，保证未来企业的正常运营。

中信泰富在澳大利亚投资 SINO-IRON 铁矿项目，该项目是西澳最大的磁铁矿项目，总投资约 42 亿美元，很多设备和投入都必须以澳元来支付。整个投资项目的资本开支，除目前的 16 亿澳元之外，在项目运行的 25 年期内，还将在全面营运的每年度投入至少 10 亿澳元，为了减低项目面对的货币风险，签订了若干杠杆式外汇买卖合约，与欧元兑美元、澳元兑美元汇率挂钩，实际上是做空美元、做多澳元。然而，自 2008 年 7 月份以来，澳元汇率波动加大，从 7 月中旬到 8 月中旬短短一个月间，澳元开始出现持续贬值，澳元兑美元跌幅也高达 10.8%。2008 年 10 月，中信泰富已经确认 8 亿港元的损失，可能的损失高达 147 亿港元。如果澳元汇率再出现波动，不排除总体亏损金额会比 147 亿港元更高。中信泰富的公告表示，有关外汇合同的签订并没有经过恰当的审批，其潜在风险也没有得到评估[109]。

2.3.4 市场风险因素

市场风险主要来自于以下两个方面：

（1）投资开发资源的市场供求状况。市场需求是矿山建设的基本前提。矿业投资项目决策之前，首先要对矿产品市场供给与需求状况有较为充分的了解并应做详细调查。根据微观经济理论，矿产品价格决定于市场上该种矿产品的供给与需求。在供给一定的情况下，需求增加，矿产品价格上升；需求减少，矿产品价格下降。如果市场上矿产品价格较高，走势较好，那么投资就有可能赢利。

这里的市场调查主要包括调查与投资项目生产矿产品相关的选矿、冶炼以及压延加工产业现状、布局以及发展状况，矿产品的国内外市场需求情况，了解国内外主要矿山生产产品的质量、品种、规格及其销售价格、运杂费，主要矿山在市场上占有份额及今后生产发展趋势[110]。

（2）投资项目主要消耗的原材料、辅助材料和燃料的市场价格。通过对拟投资项目外部建设条件的分析，预测产品的生产成本、经济效益，根据这些预测分析并与国内外主要矿山在质量、价格、运杂费及其他条件上进行对比，以预测项目在市场上所处地位及今后产品在市场上可能占有的份额。

2.3.5 地质资源储量风险因素

地质资源量是矿业开发中最根本的风险，要降低这种风险必须要求探矿严格、规范。已探明并且可做设计依据的矿床地质资源量，是矿山投资建设规模和相应服务年限拟定的基础依据。当资源储量减少幅度较大，就会造成矿山原拟定的生产规模偏大、服务年限和矿产品产量减少，其经济风险将表现在基建投资偏高、单位矿石生产成本提高、投资经济效益明显下降等方面。如果矿山生产规模下降较大，那么将带来一系列的问题，比如生产设备利用率低、矿山人员冗余、生产产品量不能满足社会需求等，并可能造成矿山企业长期处于亏损状态。这可以通过经济评价的财务内部收益率、投资回收期、贷款偿还期和投资利润率等指标得到反映[111]。

在20世纪，我国曾流行过“边勘探、边设计、边建设”的“三边”建矿模式，由于没有完全搞清楚地质资源储量，也没有经过充分的技术、经济论证，其结果往往是设计生产规模定得过大，矿山长期无法达到设计生产能力，这也是很多矿山企业长期低效运营的重要原因之一。这在海内外矿产资源开发中尤其应引以为戒。

2.3.6 矿山开采技术风险因素

矿山开采技术条件主要是指以下几个方面：

（1）矿体赋存特征。包括矿体形态、厚度、倾角、走向、长度、埋藏深度等。

（2）矿石和岩石性质。包括硬度、坚固性、稳定性、结块性、氧化性、自燃性、含水性以及碎胀性等。

（3）矿区水文地质条件。包括矿区主要含水层和隔水层及其特征、岩溶发育规律、矿区地下水水质、补给排泄条件及矿床充水因素、矿坑涌水量预测等。

（4）矿床构造。

（5）矿区地形地貌及地表重要河流湖泊、建筑物和构筑物等。

不同的开采技术条件，将直接影响矿山开发中对开采方式、开拓方法、采矿方法、防治水、选矿工艺、生产能力、装备水平等一系列重大技术经济问题的决策。如当矿体埋藏较浅且厚大，上覆岩层又不厚时，则有利于采用高效率、低成本、大规模的露天开采方式。对于地下开采，平硐开拓方法由于其投资省，生产成本低，运输、通风、排水简单、安全等优点适用于矿体埋藏标高在当地侵蚀基准面以上的矿床。相反，矿体埋藏标高在当地侵蚀基准面以下时就必须使用投资高，生产成本高，运输、通风、排水复杂，相对安全性差的竖井开拓方法。而深井开拓的岩爆、运输、通风、排水、充填等技术要求更高，相应的项目总投资、单位矿石成本也随之增加。

某地下竖井开拓的矿床，矿体埋藏不深，矿石品位不高，可选性也一般，另外地表有较大水体和重要道路需要保护。当采用高效空场采矿方法开采，之后块石充填处理采空区时，矿山经济效益不错，可以决策开发。但由于上述采矿方法的空场处理措施难以确保地表河流和道路的安全，则需改用胶结充填采矿方法开采，然而胶结充填采矿方法成本高，将使矿山开发处于无盈利状态，最终使该矿难以决策是否开发。

玉石洼铁矿一期工程采用无底柱分段崩落法和部分有底柱分段崩落法开采，由于开采地质条件复杂、矿岩松软破碎以及地压活动较大等原因，使回采进路和堑沟巷道遭到严重破坏，造成矿石大量损失，直接影响到矿山项目开发的经济效益[112]。

因此，应对矿山开采技术条件进行研究，提出适合的开采方法，降低采矿成本，以降低矿山开采的技术风险。

2.3.7 环境保护风险因素

矿业生产活动的显著特点之一是对环境和生态系统造成了一定程

度的破坏。随着人们对环境问题的进一步关注，可持续发展观念已经深入人心，矿山开发的环境保护和水土保持工作现在已经列为矿山外部建设条件的重要内容，而且要求也越来越严格。因此，矿山在开发建设之前必须充分考虑到环保投资。

环境保护的风险是我国企业进行海外矿产资源开发时比较容易忽视的问题，特别是在经济欠发达的国家与地区。因此，需要对东道国环境管理相关条例进行认真研究，并在可行性研究阶段做好环境状态和环境影响的综合评价。另外，建议在投资项目完成后，投资公司应积极研究探讨经济合理的生产系统改造完善措施，提前做好应对准备，以降低该项风险的影响程度。

2.3.8 劳工风险因素

劳工风险指由于管理技术人员和熟练操作工人的流失和劳资关系不稳定使得项目无法正常生产和运营而带来的风险。

规避劳工风险的措施是未来企业应尽早建立符合当地实际的企业文化，将富有凝聚力和向心力的企业特色文化注入未来企业中；同时建立具有吸引力的薪酬制度，吸引有用人才，将可能出现的劳工风险对拟投资项目的影响程度降到最低。

2.3.9 企业运营风险因素

企业运营风险指项目投资完成后，由于交通运输、供水、供电等主要外部协作配套条件发生重大变化；材料、水、电等价格上涨或者管理不善的因素导致投资和运营成本增加给企业正常运作、项目建设和正常运营等带来困难而产生的风险。以上因素的变化存在着一定的不确定性，但幅度一般较小，因此，即使有部分影响，也基本上可以承受。建议通过加强管理，与当地老股东进行沟通，以最大限度地减少这些不利因素对企业未来生产经营活动的影响。

2.4 投资矿种未来需求情景——以铬资源开发为例

通过情景分析等方法对我国重点矿种的供需进行分析，提出该矿产资源海内外开发的目标与战略，从而为我国政府制订海内外矿业投资政策以及矿业企业海内外投资决策提供依据。本节以铬资源开发为例进行详细分析。

2.4.1 全球铬矿资源分布

铬在地壳中的丰度为0.035%，属于稀缺资源。在所有的金属中，铬是最硬的一个。人们常常把铬掺进钢里，制成又硬又耐腐蚀的合金。世界上大部分的铬，都被用来制造各种合金。铬钢是制造机械、枪炮筒、坦克和装甲车的好材料。在大自然中，铬常和铁一起存在铬铁矿里，直接用铬铁矿来冶炼，炼出来的钢便是铬钢。含铬的矿物以铬铁矿（$FeCr_2O_4$ 或 $FeO \cdot Cr_2O_3$）最为重要。铬铁矿呈铁黑色或棕黑色，与磁铁矿相似，但磁性很弱，一般呈块状、点状、豆状、条带状等。铬铁矿的熔点高达1900~2050℃，在高温下能保持体积不变，而且跟任何矿渣不起反应。因此，铬广泛用于冶金工业、化学工业和耐火材料工业[113]。

在炼钢的时候加入12%以上的铬（或18%的铬和8%的镍），炼出来的钢就是不锈钢。不锈钢在遇到具有腐蚀性的物质时，就会在它的表面形成一种细致而坚实的氧化铬薄膜，保护内部的金属不继续受腐蚀，有些不锈钢甚至在800℃的高温中还能保持其优良的性能。

铬矿最大的消费领域是生产铬铁，而铬铁主要用于生产不锈钢的主要原料——铬系铁合金，主要包括碳素铬铁、中低碳铬铁、微碳铬铁、真空铬铁、硅铬合金、氮化铬、金属铬等；其余一小部分应用于铬化工行业，主要是生产铬酸盐。目前，世界铬消费的85%用于冶金工业，8%用于化学工业，7%用于耐火材料工业。

根据国土资源部《世界矿产资源年评2001~2002》，2002年世界铬矿总储量为16亿吨，储量基础为71亿吨。世界铬矿资源超过120亿吨，可以满足世界数百年的需求。铬矿在全球的分布极不平均，大部分集中在非洲南部地区，这些地区不但储量大，而且产量也大，是全球铬矿消费的主要供给地。全球铬矿主要分布在南非、哈萨克斯坦以及津巴布韦，见表2-1。

表 2-1 2002 年世界铬矿储量和储量基础（商品级矿石）（万吨）

国家或地区	储 量	储量基础	国家或地区	储 量	储量基础
南 非	96000	550000	土耳其	800	2000
哈萨克斯坦	41000	41000	阿尔巴尼亚	610	610
津巴布韦	14000	93000	俄罗斯	400	4600
芬 兰	4100	12000	伊 朗	240	240
印 度	1800	3900	美 国	—	700
巴 西	1400	2300	世界总计	160000	710000

资料来源：Mineral Commodity Summaries，2003。

2.4.2 铬矿市场

2.4.2.1 世界铬矿主要生产国生产能力

铬精矿分为冶金级、化工级、耐火材料级和铸造级，其市场比例大约为93%、3%、1%和3%。其中冶金级铬精矿是指可还原为铬铁的块矿或精矿，冶金级铬矿的主要进口国是中国，其次是瑞典。根据《国际铬发展学会统计年鉴（2005）》统计，全球铬矿主要来自全球六大铬矿生产企业，其中南非两家，印度两家，芬兰和哈萨克斯坦各一家，这六家企业的产能达到1560万吨。

近年全球铬矿的年产量在1500万吨左右，其中南非的铬矿产量为700多万吨，占世界铬矿产量的50%左右，印度铬矿产量为200万吨，哈萨克斯坦为260万吨左右，伊朗、巴基斯坦铬矿产量为100万吨左右，其他国家的铬矿产量基本都在100万吨以下。

2.4.2.2 铬矿主要生产国南非的产销状况

南非的铬矿储量在世界居于第一位，其产量和出口量也居于世界前列。南非铬矿产量占全球的一半，在其国内消耗的大约有90%（包括国外投资的铬铁企业消耗），其余10%全部出口。南非的铬矿出口量2000年为100多万吨，到2004年下降到不足50万吨，见表2-2。随着南非铬矿转化为铬铁的比例逐年提高，其铬矿的出口比率也逐步减少。

表 2-2 南非铬矿石产量及出口量 (kt)

年 份	产 量	国内销售量	出口量
1995	5085	3798	1148
1996	5078	3608	1353
1997	6162	4913	1288
1998	6480	5093	859
1999	6817	5815	841
2000	6662	5689	1090
2001	5502	4598	931
2002	6436	5300	651
2003	7405	6318	502
2004	7645	6736	485
2005	7502	6066	657
平均年增长率/%	3.5	4.7	-8.8

资料来源：南非矿业与能源部。

2.4.2.3 我国铬矿产销状况

我国铬矿资源极度缺乏，截至2002年底，全国共有铬铁矿产地54处，而且主要分布在西藏、内蒙古、新疆和甘肃四省区，这四省区合计占全国总储量的80.7%[114]。我国在1990~2003年共消费铬铁矿1516万吨（年均消费108万吨），国内的年产量仅为10~20万吨，而且近几年的产量还呈现下降趋势，远远满足不了国内的消费需求[115]。与此同时，我国铬铁矿矿床规模小，难以形成规模开发。另外，运输困难、运费高导致铬矿价格高于进口矿。因此，我国的铬矿原料绝大部分依靠进口，从而使得铬矿进口保持快速增长态势。

我国除在1992年进口铬矿达到了74万吨以外，1995年以前我国铬矿的进口量一般都在30万~70万吨。1995年我国铬矿进口达到138万吨，创历史新高。而随后的几年进口量一般都在70~90万吨。2000年进口量再次达到100万吨以上，2004年我国进口铬矿216.6万吨。2005年，我国进口铬矿超过300万吨，这个数字与世界冶金级铬矿全年贸易量基本相当。2007年，我国进口铬矿更是历史性地突破600万吨，见表2-3。

表2-3　2001～2007年中国进口铬矿情况表　（万吨）

年　份	2001	2002	2003	2004	2005	2006	2007
印　度	80.40	84.51	108.65	76.15	97.51	133.96	98.45
土耳其	—	—	2.60	27.56	62.04	74.09	108.28
南　非	1.89	4.86	4.25	10.88	32.92	86.85	196.39
伊　朗	6.81	3.57	11.39	18.29	22.35	24.46	18.56
澳大利亚	1.55	4.02	12.77	18.14	20.36	22.44	22.09
巴基斯坦	6.29	5.02	9.59	12.21	15.20	19.66	29.51
巴　西	—	—	—	—	11.23	9.93	10.61
越　南	10.50	7.70	14.36	19.55	7.89	7.30	10.38
哈萨克斯坦	—	0.89	7.57	4.59	7.21	14.42	19.81
合　计	109.04	114.17	177.91	216.62	302.47	432.48	609.03

资料来源：中国海关总署、中商情报网。

从进口国别来看，我国铬矿的主要进口来源是印度、南非、土耳其，尤其是国内中低微碳铬铁的生产几乎全部使用印度精矿。我国高碳铬铁的生产除使用部分精矿、粉矿外，还必须使用块矿，以改善电炉内的透气性。铬块矿主要进口国是伊朗、巴基斯坦。印度政府对其易碎铬矿出口实行配额限制，而易碎矿价一直处于较高的价位，印度精矿价格也紧跟易碎矿价格。自2006年以来，我国进口铬矿的来源及品种逐渐增加，逐步形成了目前以南非矿、土耳其矿及印度矿为主，搭配其他国家矿的局面。近一两年来，我国还开发了阿曼矿、阿尔巴尼亚矿、菲律宾矿和津巴布韦矿等矿种。多矿种进口可以解决资源的来源，以形成对印度矿的替代。

2.4.3　我国铬矿未来需求情景

为使情景分析能够客观地反映现实中各种因素相互作用的因果关

系，在进行情景研究时需要对历史发展状况进行回顾和评价，分析其中的内在关系和规律性，并对影响发展趋势的不确定因素进行一系列合理的设定，得出未来发展趋势[116]。

2.4.3.1 影响铬矿需求的因素

A 我国不锈钢产业发展趋势

自2001年以来，我国一直是全球不锈钢需求第一大国，国内生产不能满足需求，不锈钢进口量占我国表观消费量的70%以上。我国对不锈钢的需求增长旺盛，2003年，我国不锈钢表观消费量达到420万吨，继续保持世界第一消费大国的位置。虽然近年来我国不锈钢产量发展速度较快，已经成为世界第四大不锈钢生产国，但是由于国内对不锈钢需求的旺盛，国内生产依然不能满足需求，见表2-4。

表2-4 1992~2007年我国不锈钢表观消费量、国内产量以及进口量 （万吨）

年份	表观消费量	国内产量	进口量
1992	54	26	28
1993	65	21	44
1994	73	19	53
1995	60	28	32
1996	78	22	55
1997	73	18	54
1998	86	22	66
1999	150	40	125
2000	173	62	122
2001	225	71	166
2002	320	115	273
2003	420	178	300
2004	447	236	291
2005	522	335	314
2006	595	537	250
2007	655	720	170

资料来源：中国矿业网。

由表2-4可以得出，随着国民经济的快速增长，我国不锈钢消费量也迅猛增长，现在已成为全球最大的不锈钢消费市场。我国不锈钢的表观消费量呈上升发展趋势，由1992年的54万吨增长到2007年的655万吨，增长了11.13倍。其中，1992～2000年年均增长了15.67%，2001～2007年年均增长了19.49%。

B　全球经济增长趋势

(1) 未来2～3年内全球经济增长将放缓，而后稳健增长，生产要素配置将更趋合理。2004～2007年，由于中国、印度等发展中国家经济强劲增长以及欧元区经济复苏，全球经济延续了较高的增长速度，见表2-5。尤其在2006～2007年这两年中，全球经济的平均增长速度超过5.0%，这是自20世纪70年代以来全球经济增长最快的两年。进入2008年，受全球金融海啸影响，全球经济的增长速度有所放缓，但仍保持增长的势头，IMF曾预计2009年世界经济增长率为3.0%，2013年为4.7%，即开始全面复苏。

表2-5　世界及先进经济体、国家、地区的实际GDP平均增长率(%)

年份	1990～1999	2000	2001	2002	2003	2004	2005	2006	2007	2008	2009	2013
世界	2.9	4.7	2.2	2.8	3.6	4.9	4.5	5.1	5.0	3.9	3.0	4.7
先进经济体	2.7	4.0	1.2	1.6	1.9	3.2	2.6	3.0	2.6	1.5	0.5	2.5
美国	3.1	3.7	0.8	1.6	2.5	3.6	2.9	2.8	2.0	1.6	0.1	2.3
欧元区	—	3.8	1.9	0.9	0.8	2.1	1.6	2.8	2.6	1.3	0.2	2.2
日本	1.5	2.9	0.2	0.3	1.4	2.7	1.9	2.4	2.1	0.7	0.5	1.7
中国	9.9	8.4	8.3	9.1	10.0	10.1	10.4	11.6	11.9	9.7	9.3	10.0
印度	5.6	5.7	3.9	4.6	6.9	7.9	9.1	9.8	9.3	7.9	6.9	8.0

注：1. 资料来源：IMF. 世界经济展望——金融压力、下降和复苏. 国际货币基金组织出版社，2008。

2. 表中2008年、2009年和2013年数据为当时预测值。

IMF还预计在未来十年左右全球跨国公司的并购、重组会迈向一个新台阶。生产要素在全球的配置将更趋合理，每个领域、每个行业将会出现更大的跨国集团。跨行业、跨领域的跨国集团将会大量涌现。并购和重组会向传统行业发展。

（2）美日欧经济同步扩张趋势加强，中印将成为经济增长的新动力。据 OECD 初步估计，从长远看，美国的经济仍充满强劲活力，尤其当金融海啸结束之后。日本经济扩张继续巩固，其增长动力主要来自内需扩大和出口增长。欧元区经济复苏将逐步转入正轨。

IMF 预测，亚洲新兴市场经济增速继续领先其他地区。中国和印度经济仍将保持较高增速，成为该地区的领头羊。改革开放 30 年，中国经济年均增长率为 9.8%，2003～2007 年达到了 10% 及以上；印度近几年经济增长率也达到了 8% 左右的水平。这两个大国的崛起，将是全球经济增长的新动力。

C 我国经济增长趋势

改革开放 30 年来，我国紧紧围绕以发展为主题、以结构调整为主线，在发展中促进结构调整，以结构调整促进经济发展，实现了经济增长与结构调整良性互动。三次产业结构不断优化（见图 2-1～图 2-3），工业和农业结构明显升级，所有制结构发生重大变革，城乡和区域结构逐步趋向协调，收入分配结构打破了平均主义的传统格局，经济结构调整取得了明显的成效，实现了在不断优化升级中的重大调整。

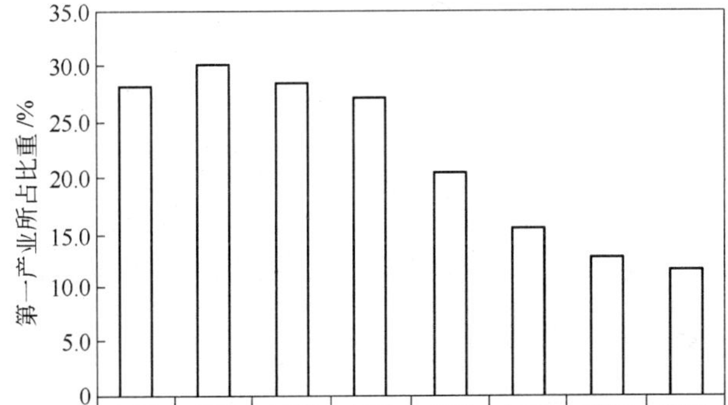

年份	1978	1980	1985	1990	1995	2000	2005	2007
□ 第一产业比重	28.2	30.1	28.4	27.1	20.5	15.1	12.6	11.3

年份

图 2-1 1978～2007 年第一产业产值所占比重变化情况

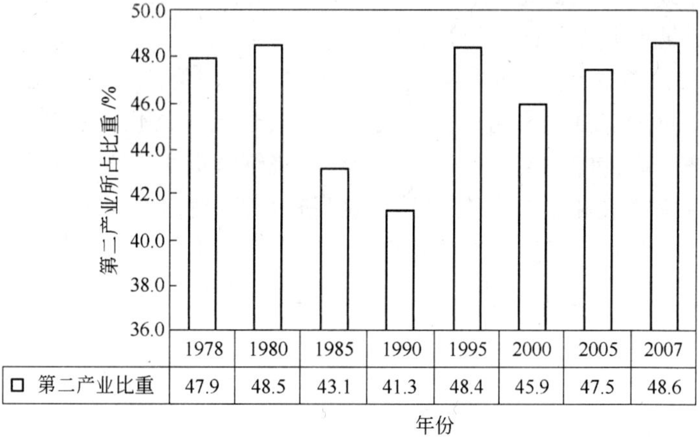

图 2-2　1978～2007 年第二产业产值所占比重变化情况

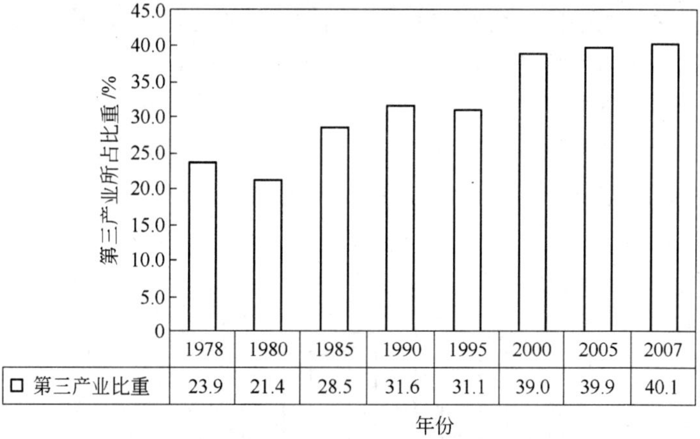

图 2-3　1978～2007 年第三产业产值所占比重变化情况

另外，我国坚持实行计划生育政策，人口数量平稳增长，人口素质全面提高（见表 2-6），实现了人口再生产类型的根本转变，为世界人口发展做出了较大贡献。

我国基础产业和基础设施建设投资快速增长。1979～2007 年，全国基础产业和基础设施方面的投资累计达到 297985 亿元，占同期全社会投资的38.4%，年均增长19.9%，比同期国民经济年均增幅高4.2个百分点，尤其在稳固发展的2003～2007年，能源和基础原材料工业投资增长加快，国家资金继续向中西部地区倾斜，资金来源渠道呈现多样化。

表2-6 1982～2007年各种受教育程度人口占总人口比重 （%）

年 份	小 学	初 中	高 中	大专及以上
1982	35.4	17.8	6.6	0.6
1990	37.2	23.3	8.0	1.4
1995	38.4	27.3	8.3	2.0
2000	35.7	34.0	11.1	3.6
2006	31.0	36.6	12.1	5.8
2007	29.9	37.8	12.6	6.2

资料来源：国家统计局。

长期来看，改革开放30年中国经济的高增长得益于劳动生产率的提高、资本回报率的增长、经济结构性的变化及人口红利等，只要这些因素不发生改变，我国经济就能保持迅速增长势头[117]。

短期来看，以下几个方面因素可能会造成经济微小波动：一是突发性的大自然灾害频繁爆发对经济的短期冲击；二是外部环境的变化，主要是美国次贷危机的扩散对我国出口增长产生了较大压力；三是内需特别是投资增长的趋势。综合看，突发性的大自然灾害对经济增长的影响较小，国内需求中投资需求和消费需求仍然比较强劲[118]。

2008年11月，中央制订的4万亿经济刺激计划必将为新一轮经济高速增长注入活力。“4万亿”投资的具体构成是，近一半投资将用于铁路、公路、机场和城乡电网建设，总额1.8万亿元；用于地震重灾区的恢复重建投资1万亿元；用于农村民生工程和农村基础设施3700亿元；生态环境3500亿元，保障性安居工程2800亿元，自主创新结构调整1600亿元，医疗卫生和文化教育事业400亿元。投资结构见图2-4。

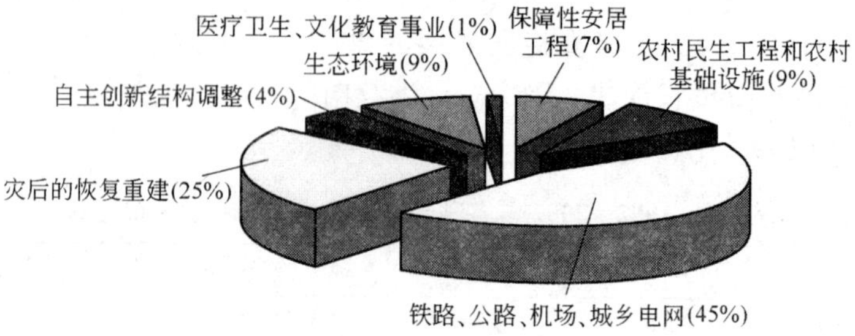

图 2-4　“4 万亿”投资结构
（资料来源：国家发改委）

2.4.3.2　铬矿需求情景定义

将我国不锈钢行业发展趋势、全球经济增长趋势、我国经济增长趋势三个因素作为铬矿需求情景定义的主要驱动变量，设置以下三个情景。

情景 A：全球经济增长长期持续低迷，生产要素合理配置需要更长时间，不利于我国经济的高速发展。我国经济刺激计划作用有限，出现了减速经济增长，导致社会经济对不锈钢需求降低，出口增长率降低。

情景 B（基础情景）：未来 2～3 年全球经济会减速增长，但对我国经济增长影响较小。受全球经济刺激计划推动，世界经济将再出现稳定增长，生产要素配置将更趋合理，导致我国对不锈钢需求持续增长，出口也将持续增加。

情景 C：未来 2～3 年全球经济会出现减速增长，但幅度很小，对我国经济增长影响也很小。全球经济刺激计划有力地推动世界经济的高速增长，生产要素流动加速，配置将更合理，导致我国对不锈钢需求持续快速增长，出口也将快速增加。

2.4.3.3　铬矿需求情景数学模型

人工神经网络是由大规模神经元互连组成的高度非线性动力学系统，是从自然生理结构出发研究人的智能行为，模拟人脑的信息处理功能，它具有信息处理的并行性、存储的分布性、连续时间非线性动力学、高度的容错性、自组织性的自学习能力等特点，为解决复杂的矿业问题提供了强有力的工具[119,120]。

A 神经网络结构

可以构造一个三层的多输出神经网络。

(1) 输入神经元：不锈钢国内产量（I_1），全球经济增长率（I_2），我国经济增长率（I_3）。

(2) 网络输出神经元：铬矿进口需求量（O_1），铬矿需求总量（O_2）。

(3) 隐蔽层神经元数目的确定，基本原则是：一般隐含层的神经元数目大于输入神经元数目和输出神经元数目之和的一半，小于输入神经元数目和输出神经元数目之和。即

$$\frac{n_i + n_o}{2} < n_h < n_i + n_o \tag{2-1}$$

或按下式确定

$$n_h \leqslant \sqrt{n_i(n_o + 3)} + 1 \tag{2-2}$$

因此，取 $n_h = 4$。

B BP 神经网络学习算法

为讨论方便，输入神经元以 i（$i = 1, 2, 3$）编号，隐蔽层神经元以 j（$j = 1, 2, 3, 4$）编号，输出层神经元以 k（$k = 1, 2$）编号。输入层与隐蔽层各神经元连接权值用 W_{ij} 表示；隐蔽层与输出层各神经元连接权值用 W_{jk} 表示。

BP 神经网络学习算法的过程由正向传播和反向传播组成[121,122]。隐蔽层第 j 个神经元的净输入为：

$$net_j = \sum_i W_{ij} O_i \tag{2-3}$$

式中 net_j——隐蔽层第 j 个神经元的净输入；

O_i——输入层第 i 个神经元的输出。

隐蔽层第 j 个神经元的输出为：

$$O_j = f(net_j) \tag{2-4}$$

式中 O_j——隐蔽层第 j 个神经元的输出；

$f(net_j)$——隐蔽层第 j 个神经元的作用函数（或称活化函数）。

选用 Sigmoid 型函数，有

$$f(x) = \frac{1}{1 + e^{-(x+\theta)}} \tag{2-5}$$

式中 x——神经元的输入；

θ——阈值或偏置值。

输出层第 k 个神经元的净输入为：

$$net_k = \sum_j W_{jk} O_j \tag{2-6}$$

式中 net_k——输出层第 k 个神经元的净输入。

输出层第 k 个神经元的输出为：

$$O_k = f(net_k) \tag{2-7}$$

式中 O_k——隐蔽层第 k 个神经元的输出。

BP 神经网络学习过程中的反向传播过程是通过使网络输出与期望输出误差平方和最小化来实现的。在学习过程中，对于训练样本 m，设第 k 个输出神经元网络输出为 O_k^m，期望输出为 Y_k^m，则其误差平方为：

$$E = \frac{1}{2} \sum_k (Y_k^m - O_k^m)^2 \tag{2-8}$$

由于 BP 神经网络学习算法是基于最速下降法的，因此，权值（阈值）的变化项 ΔW_{ij}、ΔW_{jk} 分别与 $\partial E / \partial W_{ij}$、$\partial E / \partial W_{jk}$ 成正比，即有

$$\Delta W_{ij} = -\eta \frac{\partial E}{\partial W_{ij}} \tag{2-9}$$

$$\Delta W_{jk} = -\eta \frac{\partial E}{\partial W_{jk}} \tag{2-10}$$

可见，学习速率 η 直接影响每一次训练后权值的变化量，影响网络的收敛稳定性和学习效率。η 较大时，权值的变化量较大，学习速度较快，但可能会产生振荡效应而不能收敛；η 较小时，可以使学习过程平稳，但速度慢。由于最速下降法易陷入局部极

小，因此，Rumelhart 等[123]建议在权值的变化项中增加“动量项”，即

$$\Delta W_{ij}(t+1) = -\eta \frac{\partial E}{\partial W_{ij}} + \alpha \Delta W_{ij}(t) \tag{2-11}$$

$$\Delta W_{jk}(t+1) = -\eta \frac{\partial E}{\partial W_{jk}} + \alpha \Delta W_{jk}(t) \tag{2-12}$$

式中 $\Delta W_{ij}(t+1)$——第 $t+1$ 次迭代的权值的变化量；
$\Delta W_{ij}(t)$——第 t 次迭代的权值的变化量；
α——动量因子。

学习速率 η 的选取一般倾向于选择较小的学习速率，以保证系统的稳定性，可取 $0.01 \leqslant \eta \leqslant 0.5$。也可以采用变步长寻优，基本原则是：当误差平方和增大时，可以加大 η；当误差平方和减小时，可以减小 η，即

$$\begin{aligned} &\Delta E > 0 \quad \eta(t+1) = \beta\eta(t) \quad \beta > 1 \\ &\Delta E < 0 \quad \eta(t+1) = \gamma\eta(t) \quad \gamma < 1 \end{aligned} \tag{2-13}$$

式中 ΔE——误差平方和的变化量；
β，γ——比例因子。

2.4.3.4 铬矿需求宏观情景设定

A 我国不锈钢行业发展趋势情景设定

与我国普钢发展一样，近几年来不锈钢的生产和消费出现了前所未有的大好形势。从 1901 年至 2000 年间美国的社会钢铁积累量是 90 亿吨，而我国只有 20 亿吨，可见我国不锈钢的发展空间很大。自 2002 年以来，中国、印度、俄罗斯的不锈钢生产和消费迈上了一个新的台阶，带动了全球的不锈钢生产。就目前的情况而言，西方国家仍然是不锈钢生产的主要地区，也是铬铁消费的主要动力。根据南昌有色冶金设计研究院计算（表 2-8 ~ 表 2-10 与此相同，部分进行了调整），世界各地近年的不锈钢产量增长率见表 2-7。

表 2-7 世界各地近年的不锈钢产量增长率 (%)

国家或地区	1985～2005 年	1985～1995 年	1995～2005 年
欧洲合计	4.5	5.5	3.0
中 国	13.1	0.7	26.1
印 度	11.5	14.3	11.4
亚洲合计	7.0	7.0	7.7
美 国	1.5	1.6	1.2
北美洲合计	1.5	2.3	0.5
巴 西	5.8	4.0	9.0
南 非	10.1	8.3	7.5
发展中国家合计	7.6	3.5	8.1
全球总计	4.2	3.2	5.0

由表 2-7 和表 2-4，对我国未来不锈钢产量的情景进行设置，见表 2-8。

表 2-8 未来我国不锈钢产量情景设置

情 景		2013 情景（2011～2013 年）	2016 情景（2014～2016 年）	2020 情景（2017～2020 年）
情景 A	增长率/%	10	10	10
	产量/万吨	1276	1698	2486
情景 B	增长率/%	13	13	13
	产量/万吨	1499	2163	3527
情景 C	增长率/%	15	15	15
	产量/万吨	1665	2533	4430

B 全球经济增长趋势情景设定

对全球经济增长率情景进行设置，见表 2-9。

表 2-9 全球经济增长率情景设置 (%)

情 景	2013 情景	2016 情景	2020 情景
情景 A	3	3	3
情景 B	4	4	4
情景 C	4.5	4.5	4.5

C 我国经济增长趋势情景设定

对我国经济增长率情景进行设置，见表2-10。

表2-10 我国经济增长率情景设置 (%)

情 景	2013情景	2016情景	2020情景
情景A	9	9	9
情景B	10	10	10
情景C	11	11	11

2.4.3.5 我国铬矿未来需求情景

为了利用神经网络进行测算，首先应对输入输出数据进行初始化（原始数据见表2-11），使得输入输出值位于［0，1］范围内。其基本原则是：为使网络收敛速度较快，初始化以后的数据应尽可能在0.1~0.9之间，如果较小，会使神经网络训练时间较长。其基本方法是：将实际值除以一个比例因子，而比例因子获取应遵循的原则是找出某一项数据可能取的最大值，初始化以后的训练数据见表2-12。

表2-11 原始数据表

年份	不锈钢国内产量/万吨	全球经济增长率/%	我国经济增长率/%	铬矿进口需求量/万吨	铬矿需求总量/万吨
1992	26	2.9	9.9	74.20	86.28
1993	21	2.9	9.9	34.60	70.26
1994	19	2.9	9.9	68.36	79.49
1995	28	2.9	9.9	138.25	160.76
1996	22	2.9	9.9	71.52	83.16
1997	18	2.9	9.9	82.34	95.74
1998	22	2.9	9.9	83.38	96.95
1999	40	2.9	9.9	86.27	100.31
2000	62	4.7	8.4	89.91	104.55
2001	71	2.2	8.3	109.04	126.79
2002	115	2.8	9.1	114.17	132.76
2003	178	3.6	10.0	177.91	206.87
2004	236	4.9	10.1	216.62	240.69
2005	335	4.5	10.4	302.47	336.08
2006	537	5.1	11.6	432.48	480.53
2007	720	5.0	11.9	609.03	676.70

表 2-12 神经网络训练值

年份	I_1	I_2	I_3	O_1	O_2
1992	0.005	0.290	0.660	0.015	0.017
1993	0.004	0.290	0.660	0.007	0.014
1994	0.004	0.290	0.660	0.014	0.016
1995	0.006	0.290	0.660	0.028	0.032
1996	0.004	0.290	0.660	0.014	0.017
1997	0.004	0.290	0.660	0.016	0.019
1998	0.004	0.290	0.660	0.017	0.019
1999	0.008	0.290	0.660	0.017	0.020
2000	0.012	0.470	0.560	0.018	0.021
2001	0.014	0.220	0.553	0.022	0.025
2002	0.023	0.280	0.607	0.023	0.027
2003	0.036	0.360	0.667	0.036	0.041
2004	0.047	0.490	0.673	0.043	0.048
2005	0.067	0.450	0.693	0.060	0.067
2006	0.107	0.510	0.773	0.086	0.096
2007	0.144	0.500	0.793	0.122	0.135

将经过初始化的神经网络训练数据输入到各个神经网络，对网络加以训练学习。初始学习速率 $\eta=0.01$，训练过程中学习速率的变化按式（2-13）计算，其中 $\beta=1.1$，$\gamma=0.9$。误差平方和取 0.005。直接利用 Neuro Solutions 进行二次开发与应用，Neuro Solutions 5.0 是 Neuro Dimension，Inc. 开发的神经网络软件平台，有六个不同水平层次的版本，每一个版本都可以建立令人满意的神经网络模型，当网络运行 24 分 36 秒，循环 33643 次时，误差平方和为 0.0049，网络收敛。

最后，根据表 2-8 ~ 表 2-10，利用训练好的神经网络分别对情景 A、B、C 中的三个情景进行计算，得到我国铬矿未来需求情景，如表 2-13 所示。

表 2-13　中国铬矿未来需求情景　（万吨）

情　景	指　标	2013 情景	2016 情景	2020 情景
情景 A	需求总量	1352	1791	2612
	进口量	1327	1766	2585
情景 B	需求总量	1587	2278	3697
	进口量	1559	2250	3668
情景 C	需求总量	1763	2667	4640
	进口量	1732	2634	4607

由表 2-13 可以看出，在我国铬矿未来国内产能基本不变的情况下，进口依存度将达到 98% 及以上。因此，合理开发利用国外铬矿资源，建立海外战略储备基地是保证我国不锈钢等产业健康发展以满足国家经济建设的需要。

我国由于长期受资源约束，让更多的企业“走出去”整合全球资源，培育具有国际竞争力的世界跨国公司，参与国际市场竞争是国家对外开放过程中实施的重要战略之一。我国是一个铬资源严重匮乏的国家，目前探明储量不足 1000 万吨，这已成为制约我国不锈钢等产业发展的瓶颈，亟待尽快解决。由于铬矿资源短缺，进口矿供应情况将成为影响中国铬铁市场的一个决定性的因素。因此，合理开发利用国外铬矿资源是对中央“走出去”战略方针的具体贯彻，是对国家“利用两种资源、面向两个市场”的积极响应。

3 基于经济目标的矿业投资柔性决策模型

3.1 矿业投资实物期权种类及其价值确定

3.1.1 矿业投资实物期权种类

从我国企业在海内外进行矿业投资的实际效果以及矿业投资自身特点来看，矿业投资项目实物期权种类较多，主要考察以下四类：

（1）改变运营规模期权。投资者可以根据矿产品市场需求情况以及企业自身经营战略，适时调整矿山生产规模。这样既满足了生产需要和利润最大化要求，又使矿山生产不间断，避免了停产所带来的各种不利影响。在传统的经济评价中，一般认为矿山生产经营规模不变，再计算有关经济指标，其不合理性显而易见。而矿山生产规模可变，就获得了一个改变运营规模期权，这既符合实际情况，又体现了动态的、柔性的管理理念。

扩大期权相当一个买权，原形资产为扩大生产后增加的收益，执行价为扩大生产而增加的成本，其价值在于增加收入的可能性。扩大期权对于投资者来说，具有重要的战略意义，能够使投资者获得未来的发展机会。缩小期权相当一个卖权，原形资产为缩小生产后减少的收益，执行价为由于缩小生产而能减少的开支，其价值在于减少损失的可能性。

（2）递延期权。递延期权即投资者可以选择对自身企业最有利的时机执行某一投资方案。有时候延期实施某项目对投资者来说是件有利的事情，尽管选择立即实施的净现值是正的，可是延期实施也许会带来更多的价值。对于投资者来说，当推迟投资方案时，就获得了一个等待期权的价值，即拥有了获利的可能；若执行此方案也就丧失了这个等待期权的价值，其损失部分就是该投资方案的机会成本。

（3）放弃期权。放弃期权是指外部环境不利时，投资者可以灵活地放弃一个项目，以便在其结束之前换取残值或最佳替换用途的价值。当项目的净现值低于清算价值时，放弃或转卖这一资产，相当于投资者执行了这一卖权，可以避免更大的损失。即如果矿产品市场出现持续恶化或企业生产出现其他情况导致该投资项目出现严重亏损，那么放弃该项目的营运，变现设备和资产将更加有利，此时，投资者拥有放弃期权，放弃期权的执行意味着矿业投资项目的半途终止。

（4）增长期权。增长期权是指要投资的矿业项目具有开创未来成长机会的能力，它属于期权的期权，即不同项目的复合期权。早期投资是对未来增长机会跟进投资的先决条件，是一系列后继投资的必要前提。因此，初期的投资机会可以看作初始规模的投资加上对将来成长机会的买权。因此，即使所投资矿业项目的净现值是负值，按照传统项目经济评价准则，应当放弃投资。但是，考虑到该项目实施后可能带来海内外矿业投资经验的积累等非现金收益，该项目成功后可能为矿业公司从事海内外矿产资源开发奠定一定的基础，因此，项目或可立项。

3.1.2　矿业投资实物期权价值的影响因素

矿业投资项目实物期权价值的大小取决于标的资产市场价格、期权执行价格、标的资产价格波动率、到期时限、无风险利率、红利等六个因素，本节以矿业投资项目改变运营规模期权价值为例进行分析与说明。

3.1.2.1　标的资产的市场价格

对期权价值影响最大的是标的资产的市场价格，市场价格的大小决定期权执行价格的高低，而期权价值的重要组成部分——内涵价值是由标的资产的市场价格与执行价格的差值决定的。扩大期权，可以增加矿业投资项目的生产规模，当标的资产（矿业投资项目）价值上升时就导致了矿业投资项目的实物期权价值的上升。

3.1.2.2　期权执行价格（矿业项目投资成本）

在其他条件相同时，执行价格（投资成本）越高，则标的资产的市场价格大于执行价格的概率越小，看涨期权的内涵价值就越低，期权价值就越小。当矿业投资项目扩大，成本降低时，扩大期权的价值也将随之上升。

3.1.2.3 标的资产价格波动率

标的资产价格波动率是用来衡量资产未来价格变动的不确定性。随着波动率的增加，标的资产价格上升很高或下降很低的机会也随之增加。看涨期权的买方从价格上升中获利，但价格下跌时，仅有有限的损失（期权费）；看跌期权的买方则与之相反。因此，当将来结果不确定性增加时，矿业投资项目的实物期权价值也随之上升。

3.1.2.4 到期时限

对于美式期权，随着期权的有效期限增加，看涨和看跌期权的价值都会增加。因为有效期限增加，矿业公司等待时间越长，标的资产扩张价值上升可能性就越大。期限越长，发生不可预测未来时间机会就越多，从而导致标的资产增长范围越大。

3.1.2.5 无风险利率

无风险利率对期权价值有两种影响[124]：一是无风险利率反映了投资者的资金成本（即资金的时间价值）。当利率增加时，投资者对标的资产价格的预期增长率也趋于增加。二是利率增加时，期权持有者收到的未来现金流的现值将减少。这两种影响都将减少看跌期权的价值。但对于看涨期权来说，前者将增加其价值，并起主导作用；后者将减少其价值。因此，随着无风险利率的增加，看涨期权价值总是随之增加。

3.1.2.6 红利

红利也称矿业投资项目所支出的现金流。在其他条件相同时，红利支付越多，股价下降得越快，看涨期权内涵价值就越小，从而使期权价值下降幅度越大。也就是说，这将降低标的资产的价值进而降低矿业投资项目的实物期权价值。

3.1.3 矿业投资实物期权价值确定

运用实物期权理论发挥矿业投资项目自身的柔性，关键在于分析矿业投资中的实物期权以及期权价值的确定。在进行投资问题分析时，主要分析识别投资项目的不确定性，从而识别存在的期权。计算期权价值所用的数学工具是应用数学领域和工程领域中成熟的解决方法和数学技术，在定价过程中遵循无套利原则。在输入量和应用框架构造合理的情况下，不同的计算方法可以得出大致相同的期权价值。一般来说，期权价值的计算方法主要有[124]：偏微分方程方法（Partial differential equation approach）、动态规划方法（Dynamic programming approach）以及模拟方法（Simulation approach）。

3.1.3.1 偏微分方程方法

偏微分方程方法是以随机偏微分方程和边界条件对期权的价值进行数学表达为基础的。它将期权价值的连续变化和市场上能够观察到的证券价值的变化联系起来，通过边界条件限定所求期权在已知点以及极值条件下的价值。该方法一般不存在解析解，如果存在，它将是求解期权价值最简捷的方法。最著名的求解偏微分方程的解析方法即为 Black-Scholes 方程。

3.1.3.2 动态规划方法

动态规划方法解决如何在当前决策影响未来收益的情况下作出最优决策。这种方法罗列出期权有效期内标的资产的可能价值，然后返回未来最优策略的价值。在应用该方法时，通常借助于风险中性定价原理。

在实物期权定价中，动态规划方法是非常好的方法，它可以对不同的实物资产和各种实物期权形式进行定价，它可以处理复杂的决策结构（包括约束条件），期权价值与标的资产价值之间的复杂关系以及复杂的资产偏移形式。通过动态规划方法，可以求解出期权持有者在到期前要作出提前执行决策或其他决策的期权的价值。

3.1.3.3 模拟方法

模拟方法最常见的形式为蒙特卡洛模拟方法（Monte Carlo simulation method）。在每个路径的末端作出最优矿业投资决策并计算出支付，通过对支付进行平均，然后折现到当前，从而得到矿业投资项目实物期权的现行价值。该方法可用于期权的收益依赖于标的变量的历史数据或具有多个标的变量的情况，与其他数值方法相比，蒙特卡洛模拟方法对标的变量个数的增加并不敏感，它可以解决现实世界中许多实际问题，从复杂的决策原则直至期权价值与标的资产之间存在的复杂关系等。该方法的局限性在于不能很好地解决美式期权、嵌入式期权、序列期权等的定价问题。

3.2 基于实物期权的矿业投资柔性决策模型

矿业投资项目柔性决策意味着在项目技术经济评价中，不能固守在技术方案确定之后被动地计算经济指标，而是积极地寻求最佳生产要素的组合；在风险面前不是消极地规避与放弃，而是积极地指出项目成立的条件；在项目运营期内，当面临风险时，不再遵循固定的生产经营与管理模式，而是进行柔性管理，增强企业适应市场经济的能力。这样，技术经济分析与评价才能成为矿业经济与管理中最活跃的因素。

大多数研究文献认为投资的可延迟性可以给矿业投资带来投资机会价值，但在矿业投资实际运作中可操作性不强。这是因为：一是矿业投资项目建设周期长导致延迟时间难以确定。在项目立项之前所做的技术经济论证，可能在建设期内或者投产之后将发生显著的变化，例如矿产品市场需求、生产成本总是随着世界经济形势的变化而变化。这样，当判断最佳投资时机已经到来时，项目上马建设，可能还没有等到项目投产，宏观经济形势已经发生了衰退。二是矿业投资规模大导致资金成本高，融资渠道复杂，等待投资实际变得不可行。因此，本书主张在矿业投资决策中，应当在传统经济评价基础上，找出项目可行的条件；在面临风险时，应改变运营规模即进行柔性管理使得项目在经济上可以生存。

3.2.1 矿业投资项目动态净现值及其柔性价值确定

矿业投资期权取决于项目初始投资成本 I_0 和矿业投资项目的价值 V，是一个美式看涨期权，其投资结果是可在市场上销售或自用的矿产品，而投资效益则由矿产品价格 P 以及单位生产成本 C 决定。P 主要由市场需求决定，C 则由原材料、燃料、动力价格，矿山生产技术、生产规模等因素决定，即均受世界经济因素的影响。这些因素具有随机不确定性，从而使得 P 和 C 也具有一定的随机特性，可用维纳过程来表达[125,126]。

3.2.1.1 维纳过程

期权定价模型建立在随机变量的维纳过程 $Z(t)$ 的基础上，$Z(t)$ 是一个连续的时间过程，它具有三个重要性质：

(1) $Z(t)$ 是一个马尔可夫过程；

(2) $Z(t)$ 具有独立增量；

(3) $Z(t)$ 在任何有限时间区间上的变化服从正态分布，其方差随时间区间的长度呈线性增加。

在时间区间 Δt 上 z 的任何变化记为 Δz，有：

$$\Delta z = \varepsilon_t \sqrt{\Delta t} \tag{3-1}$$

当 $\Delta t \to 0$，可以表示为：

$$\mathrm{d}z = \varepsilon_t \sqrt{\mathrm{d}t} \tag{3-2}$$

因 $\varepsilon_t \sim N(0,1)$，所以：

$$E(\mathrm{d}z) = 0,\ \mathrm{var}(\mathrm{d}z) = E[(\mathrm{d}z)^2] = \mathrm{d}t \tag{3-3}$$

3.2.1.2 布朗运动模型

1908 年，Langevin. P 在研究布朗运动的涨落现象时，给出了物理学第一个随机微分方程。如果在布朗粒子满足的牛顿运动方程中，加上一项引起布朗粒子做无规则运动的随机力 $\xi(t)$，则有：

$$m\frac{\mathrm{d}v}{\mathrm{d}t} = -av + \xi(t) \tag{3-4}$$

1923 年，控制论的发明人维纳（Wiener. N）指出布朗运动在数学上是一个随机过程，提出用微分方程来描述，因此，人们也把布朗运动称为维纳过程。日本数学家伊藤（Kiyosi. I）发展建立了带有布朗运动干扰项的随机微分方程（伊藤过程方程）：

$$\mathrm{d}x = \mu \mathrm{d}t + \sigma \mathrm{d}z \tag{3-5}$$

式中 x——基本变量；

μ——漂移率；

σ——干扰强度。

由式（3-5）可以看出，基本变量 x 的变化 Δx 不依赖于 x 的水平。因此，要考察在 x 基础上的变化$\frac{\Delta x}{x}$，那么有特殊的伊藤（ITO）

过程（或称几何布朗运动）：

$$\frac{dx}{x}=\mu dt+\sigma dz \quad 或 \quad dx=\mu x dt+\sigma x dz \tag{3-6}$$

则 P 和 C 的随机变化过程为：

$$\frac{dP}{P}=\mu_P dt+\sigma_P dz_P \tag{3-7}$$

$$\frac{dC}{C}=\mu_C dt+\sigma_C dz_C \tag{3-8}$$

式中 μ_P，μ_C——矿产品价格和单位生产成本的期望增长率；

σ_P，σ_C——矿产品价格和单位生产成本的波动率；

dz_P，dz_C——遵循标准维纳过程的增量；

dt——时间增量。

3.2.1.3 矿业投资项目动态净现值及柔性价值计算

假定矿业投资项目实行柔性管理，在初步设计时主要控制性工程留有扩大生产规模的余地。企业可以通过追加投资实现生产规模的扩大，并可能出现规模经济效益；而当缩小生产规模时，企业将节约部分可变成本。

设项目寿命期为 T，有 m 个生产阶段，第 k 个生产阶段生产规模为 S_k、生产年数为 t_k、追加投资为 I_k（$k=1, 2, \cdots, m$），项目寿命期初矿产品价格和单位生产成本分别为 P_0、C_0，初始投资成本为 I_0，第 k 个生产阶段初矿产品价格和单位生产成本分别为 P_{k-1}、C_{k-1}，根据式（3-7）、式（3-8）以及 ITO 定理[70,127]，矿产品在第 k 个生产阶段的第 t 年的 P_{kt} 与 C_{kt} 均服从对数正态分布。由对数正态分布的特性可知，P_{kt}、C_{kt} 的期望值分别是：

$$E(P_{kt})=P_{k-1}e^{\mu_P t+\frac{1}{2}\sigma_P^2 t} \tag{3-9}$$

$$E(C_{kt})=C_{k-1}e^{\mu_C t+\frac{1}{2}\sigma_C^2 t} \tag{3-10}$$

则矿业投资项目动态净现值为：

$$NPV^*=\sum_{k=1}^{m}\frac{\sum_{t=1}^{t_k}\frac{[E(P_{kt})-E(C_{kt})]S_k}{(1+i)^t}}{(1+i)^{\sum t_{k-1}}}-\sum_{k=0}^{m}I_k \tag{3-11}$$

$$\sum_{k=1}^{m} t_k = T$$

式中 i——折现率；

当 $S_k > S_0$ 时，$I_k > 0$；当 $S_k \leqslant S_0$ 时，$I_k = 0$。

动态净现值与传统净现值之间的差不妨定义为经营管理柔性价值（Dynamic Flexible Value，DFV），即

$$DFV = NPV^* - NPV \tag{3-12}$$

当 $NPV^* > NPV$ 时，$DFV > 0$；否则 $DFV = 0$，即该方案柔性价值为零，应放弃。由于改变了生产经营规模导致净现金流量发生了变化，由此给企业带来了一定的价值，进一步增强了项目生存的能力。

3.2.1.4 矿业投资项目价值计算

由式（3-7）、式（3-8）、式（3-11）可知，矿业投资项目价值 V 也可以用维纳过程来表达，其随机变化过程为：

$$\frac{\mathrm{d}V}{V} = \mu_{\mathrm{V}}\mathrm{d}t + \sigma_{\mathrm{V}}\mathrm{d}z_{\mathrm{V}} \quad 或 \quad \mathrm{d}V = \mu_{\mathrm{V}}V\mathrm{d}t + \sigma_{\mathrm{V}}V\mathrm{d}z_{\mathrm{V}} \tag{3-13}$$

式中 μ_{V}——矿业投资项目瞬时收益率；

σ_{V}——矿业投资项目价值的波动率；

$\mathrm{d}z_{\mathrm{V}}$——遵循标准维纳过程的增量。

3.2.2 矿业投资项目改变运营规模期权模型及柔性价值确定

当矿业投资项目经过一定生产阶段适时改变运营规模时，相当于一个复合期权。复合期权是期权的期权，可以分为简单复合期权和多期复合期权。简单复合期权又可分为写在看涨期权上的看涨期权（看跌期权）以及写在看跌期权上的看跌期权（看涨期权），Geske 给出了简单复合期权定价的一般方法[128,129]，如图 3-1 所示。

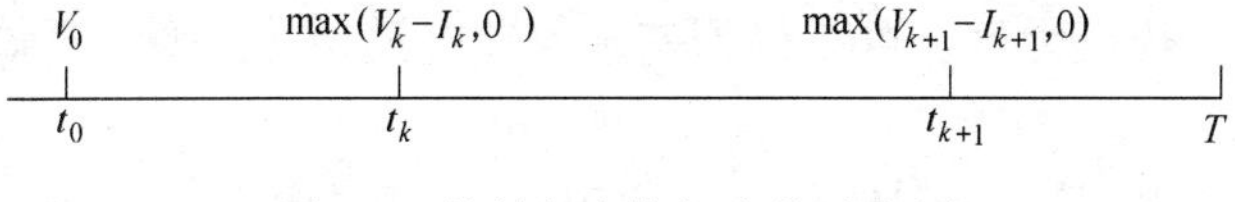

图 3-1 简单复合期权定价示意图

在图 3-1 中，V_0 为复合期权的价值，V_k 为普通欧式期权的价值，t_0 为项目正式投产的年份。在 t_k 年，当 $V_k > I_k$ 时，企业可以选择以

追加投资 I_k 来获得价值为 V_k 的普通欧式期权，同样在 t_{k+1} 也是如此，因此，复合期权是否执行取决于普通欧式期权的内在价值。V_0 的求解一般分两步：首先，运用 B—S 模型求解 V_k、V_{k+1}；其次，依据风险中性定价方法计算 V_0。

3.2.2.1 B—S 模型定价方法

B—S 模型是 1973 年 Black 和 Scholes 在二项式期权定价模型的基础上，运用无风险完全套期保值和模拟投资组合提出来的。模型一般形式为：

$$V = SN(d_1) - Xe^{-r(T-t)}N(d_2) \tag{3-14}$$

$$d_1 = \frac{\ln(S/X) + \left(r + \frac{1}{2}\sigma^2\right)(T-t)}{\sigma\sqrt{T-t}}$$

$$d_2 = d_1 - \sigma\sqrt{T-t}$$

式中 V——看涨期权的价值；

S——股票当前价格；

$N(d_1)$，$N(d_2)$——分别表示在正态分布下，变量小于 d_1 和 d_2 时的累计概率；

X——约定价格；

r——无风险利率；

σ——股票复合回报率的标准差；

T——到期期限；

t——当前时间。

根据式（3-14）可以计算得到 V_k 和 V_{k+1}。

3.2.2.2 基于盖斯克模型的复合期权价值

在金融领域中，复合期权最有效的评价应是盖斯克模型。现以改变两次生产规模为例，可以得到基于盖斯克模型的改变运营规模的期权价值模型：

$$\begin{aligned} V_0 = {} & F_0 + F_1 e^{-\delta(t_{k+1}-t_k)} M(a_1, b_1; \rho_1) + F_2 e^{-\delta(T-t_{k+1})} M(a_2, b_2; \rho_2) - \\ & I_k e^{-r(t_{k+1}-t)} M\left(a_1 - \sigma(t-t_k)^{\frac{1}{2}}, b_1 - \sigma(t_{k+1}-t)^{\frac{1}{2}}; \rho_1\right) - \\ & I_{k+1} e^{-r(T-t)} M\left(a_2 - \sigma(t-t_{k+1})^{\frac{1}{2}}, b_2 - \sigma(T-t)^{\frac{1}{2}}; \rho_2\right) \end{aligned} \tag{3-15}$$

其中
$$a_1=\frac{\ln(F_1/V_k)+\left(r-\delta+\frac{1}{2}\sigma^2\right)(t-t_k)}{\sigma\sqrt{t-t_k}}$$

$$b_1=\frac{\ln(F_1/I_k)+\left(r-\delta+\frac{1}{2}\sigma^2\right)(t_{k+1}-t)}{\sigma\sqrt{t_{k+1}-t}}$$

$$a_2=\frac{\ln(F_2/V_{k+1})+\left(r-\delta+\frac{1}{2}\sigma^2\right)(t-t_{k+1})}{\sigma\sqrt{t-t_{k+1}}}$$

$$b_2=\frac{\ln(F_2/I_{k+1})+\left(r-\delta+\frac{1}{2}\sigma^2\right)(T-t)}{\sigma\sqrt{T-t}}$$

$$\rho_1=\sqrt{(t-t_k)(t_{k+1}-t)}$$

$$\rho_2=\sqrt{(t-t_{k+1})(T-t)}$$

式中　F_0——t_0 年投产后现金流入量的现值；

F_1——t_k 年改变运营规模后现金流入量的现值；

F_2——t_{k+1}年改变运营规模后现金流入量的现值；

$M(a,b;\rho)$——第一个变量小于 a，第二个变量小于 b，变量之间相关系数为 ρ 的标准正态分布的累计概率函数；

δ——股利支付率；

$t_{k+1}-t$——第一个期权到期的时间；

$T-t$——第二个期权到期的时间。

另外，当扩大生产规模即 $F_0<F_1$、$F_1<F_2$ 时，$I_k>0$，$I_{k+1}>0$；否则，$I_k=0$，$I_{k+1}=0$。

3.2.2.3　基于改变运营规模的柔性价值计算

根据式（3-15），可以得到基于盖斯克模型的改变运营规模的复合期权价值 V_0，它与传统净现值之间的差（V_0-NPV）定义为复合期权柔性价值（Flexible Value of Compound Options，OFV），即

$$OFV=V_0-NPV \tag{3-16}$$

也就是说由于矿业投资的多阶段特点，新投资机会的存在给企业带来了附加价值，进一步增强了项目在运营期间的生存能力。

4 基于多目标综合评价的矿业投资决策模型

4.1 矿业投资多目标综合评价指标体系

4.1.1 多目标综合评价指标体系构建原则

4.1.1.1 评价指标的特点

矿业投资评价指标是用来反映或说明投资对象在一定时空条件下某些方面、某些环节、某些层次的某种属性特征的基本概念或范畴以及数值表现。为了反映投资对象的基本状况，为综合评价提供依据，需要设计和选择并调查相应的指标。这些指标应具有以下特点：

（1）概念的明确性，即指标的含义有明确的规定。

（2）边界的清晰性，即指标的范围有明确的规定。

（3）相互补充性，即设计的指标应以定量指标为主，但也应有部分定性指标，以全面地描述投资对象。

（4）计算方法的统一性，即指标值的计算方法有统一规定，使用统一的计量单位和统计核算方法。

4.1.1.2 评价指标体系的构建原则

矿业投资多目标综合评价指标体系的构建，应当遵循以下原则：

（1）科学性原则。指标体系总体结构的设计是否合理，直接关系到统计检测和评价的数据质量。指标的选取必须以公认的科学理论为依据，要具有合理性。

（2）实用性原则。设计的指标要能够满足矿业投资综合评价以及决策的要求。

（3）可操作性原则。设计的指标要避免过于繁琐，无论是指标概念还是表达方法都要做到含义清晰，方便实用，具有一定的统计基础或通过努力能够做到，以便于进行数量分析。

（4）通用性原则。海内外矿山项目由于所处国家、地域等不同，导致矿山实际情况千差万别，因此，设计的指标应具有广泛的适用性和可比性，既便于考察某个国家矿业投资，又便于与其他国家进行综合比较。

4.1.2 多目标综合评价指标体系的构建

4.1.2.1 评价指标体系的构建

影响矿业投资决策的因素很多，这些因素一般来源于以下几个方面：（1）政治环境；（2）法律环境；（3）经济环境；（4）社会环境；（5）开采技术条件等。前四个方面所涉及的大部分因素是任何项目开发都必须考虑的，对于东道国这些因素的研究较多，在一般的海外投资指南中均有描述。另外，本书限于矿业投资项目可行性研究阶段，对政治环境、法律环境、经济环境、社会环境的考察是在投资机会研究阶段所重点解决的，因此，没有必要将前四个因素考虑进来，主要探讨与采矿息息相关的因素评价。具体说来，主要包括：（1）地质资源储量；（2）开采工艺技术指标；（3）建设成本；（4）外部建设条件；（5）建设期和投产期；（6）融资条件；（7）汇率等。

基于上述原则并结合矿业投资决策的主要影响因素，可以构建矿业投资多目标综合评价指标体系，见表4-1。

表4-1 矿业投资多目标综合评价指标体系

一级指标		二级指标	
指标名称	权 重	指标名称	权 重
地质资源条件（I_1）	w_1(0.20)	地质储量（I_{11}）	w_{11}(0.60)
		矿石品质(I_{12})	w_{12}(0.40)
开采技术条件(I_2)	w_2(0.15)	矿体赋存特征(I_{21})	w_{21}(0.25)
		矿石和岩石性质(I_{22})	w_{22}(0.20)
		矿床水文地质条件(I_{23})	w_{23}(0.25)
		矿床构造(I_{24})	w_{24}(0.20)
		矿区地形地貌(I_{25})	w_{25}(0.10)
外部建设条件(I_3)	w_3(0.20)	矿区交通运输条件(I_{31})	w_{31}(0.40)
		矿区施工建设条件(I_{32})	w_{32}(0.30)
		当地的人文素质条件(I_{33})	w_{33}(0.30)

续表 4-1

一级指标		二级指标	
指标名称	权　重	指标名称	权　重
融资资金条件(I_4)	w_4(0.20)	投资总额(I_{41})	w_{41}(0.30)
		母公司速动比率(I_{42})	w_{42}(0.30)
		母公司银行资信等级(I_{43})	w_{43}(0.20)
		汇率(I_{44})	w_{44}(0.20)
项目经济效益(I_5)	w_5(0.25)	矿山年销售收入(I_{51})	w_{51}(0.15)
		矿山年利税总额(I_{52})	w_{52}(0.25)
		全投资内部收益率(I_{53})	w_{53}(0.30)
		动态投资回收期(I_{54})	w_{54}(0.30)

4.1.2.2 评价指标的解释

对表4-1中的各项评价指标解释如下，后面在进行分级时参照此解释。

(1) 地质储量 (I_{11})：根据拟投资矿山矿种类型以及矿山规模进行分级，此时，储量应达到表4-2[130]的要求。

表 4-2 部分非煤矿山合理服务年限及生产规模

矿山规模	矿山合理服务年限	矿山生产规模
大　型	25 年以上	黑色金属矿山规模大于 2Mt/a 有色金属露天矿规模大于 2Mt/a 有色金属矿井规模大于 1Mt/a 化工矿山规模大于 1Mt/a
中　型	18 年以上	黑色金属矿山规模 0.6 ~ 2Mt/a 有色金属露天矿规模 0.3 ~ 2Mt/a 有色金属矿井规模 0.2 ~ 1Mt/a 化工矿山规模 0.3 ~ 1Mt/a
小　型	10 年以上	黑色金属矿山规模小于 0.6Mt/a 有色金属露天矿规模小于 0.3Mt/a 有色金属矿井规模小于 0.2Mt/a 化工矿山规模小于 0.3Mt/a

(2) 矿石品质（I_{12}）：主要从矿石品位、矿石有用和有害组分、矿石的可选性等方面进行评价，其中矿石工业品位、边界品位见表4-3，实际评价中参照该表进行综合评价。

表 4-3 矿石工业品位、边界品位

<table>
<tr><th rowspan="2">元 素</th><th rowspan="2" colspan="3">矿石工业类型</th><th colspan="2">品 位</th><th rowspan="2">备注</th></tr>
<tr><th>边界品位</th><th>工业品位</th></tr>
<tr><td colspan="7">黑色金属矿产</td></tr>
<tr><td rowspan="4">铁 TFe/%</td><td colspan="3">磁铁矿石</td><td>20</td><td>25</td><td></td></tr>
<tr><td colspan="3">赤铁矿石</td><td>25</td><td>28 ~ 30</td><td></td></tr>
<tr><td colspan="3">菱铁矿石</td><td>20</td><td>25</td><td></td></tr>
<tr><td colspan="3">褐铁矿石</td><td>25</td><td>30</td><td></td></tr>
<tr><td rowspan="11">锰/%</td><td rowspan="7">氧化锰</td><td rowspan="3">富锰矿</td><td>Ⅰ</td><td>35</td><td>40</td><td></td></tr>
<tr><td>Ⅱ</td><td>30</td><td>35</td><td></td></tr>
<tr><td>Ⅲ</td><td>18</td><td>30</td><td></td></tr>
<tr><td colspan="2">贫锰矿石</td><td>10 ~ 15</td><td>18</td><td></td></tr>
<tr><td rowspan="3">铁锰矿石</td><td>Ⅰ</td><td>20</td><td>25</td><td></td></tr>
<tr><td>Ⅱ</td><td>15</td><td>20</td><td></td></tr>
<tr><td>Ⅲ</td><td>10</td><td>15</td><td></td></tr>
<tr><td rowspan="4">碳酸锰</td><td colspan="2">富锰矿石</td><td>15</td><td>25</td><td></td></tr>
<tr><td colspan="2">贫锰矿石</td><td>10</td><td>15</td><td></td></tr>
<tr><td colspan="2">铁锰矿石</td><td>10</td><td>15</td><td></td></tr>
<tr><td colspan="2">含锰灰岩</td><td>8</td><td>12</td><td></td></tr>
<tr><td rowspan="3">铬/%</td><td rowspan="2">原生矿</td><td colspan="2">富 矿</td><td>≥25</td><td>≥32</td><td></td></tr>
<tr><td colspan="2">贫 矿</td><td>≥5 ~ 8</td><td>≥8 ~ 10</td><td></td></tr>
<tr><td colspan="3">砂 矿</td><td>≥1.5</td><td>≥3</td><td></td></tr>
<tr><td rowspan="3">钛</td><td colspan="2">原生矿 TiO_2/%</td><td>金红石</td><td>1</td><td>1.5</td><td></td></tr>
<tr><td colspan="2" rowspan="2">砂矿（矿物）/$kg \cdot m^{-3}$</td><td>金红石</td><td>≥1</td><td>≥1.5</td><td></td></tr>
<tr><td>钛铁矿</td><td>≥10</td><td>≥1</td><td></td></tr>
<tr><td rowspan="2">钒</td><td colspan="3">独立矿床 V_2O_5/%</td><td>0.5</td><td>0.7</td><td></td></tr>
<tr><td colspan="3">伴生矿床 V_2O_5/%</td><td colspan="2">≥0.1 ~ 0.5</td><td></td></tr>
</table>

续表 4-3

元素	矿石工业类型		品位		备注
			边界品位	工业品位	
有色金属矿产					
铜/%	硫化矿石	坑采	0.1~0.3	0.4~0.5	
	硫化矿石	露采	0.2	0.4	
	氧化矿石		0.5	0.7	
铅/%	硫化矿		0.3~0.5	0.7~1.0	
	混合矿		0.5~0.7	1.0~1.5	
	氧化矿		0.5~1.0	1.5~2.0	
锌/%	硫化矿		0.5~1.0	1.0~2.0	
	混合矿		0.8~1.5	2.0~3.0	
	氧化矿		1.5~2.0	3.0~6.0	
铝/%	Al_2O_3/SiO_2	露采	1.8~2.6	≥3.5	
	Al_2O_3/SiO_2	坑采	1.8~2.6	≥3.8	
	Al_2O_3/%	露采	≥40	≥55	
	Al_2O_3/%	坑采	≥40	≥55	
镁/%	白云岩（MgO%）		≥19		
	菱镁矿（MgO%）		42~46		
镍/%	硫化镍矿 原生	坑采、露采	0.2~0.3	0.3~0.5	
	硫化镍矿 氧化矿石		0.7	1	
	氧化镍、硅酸镍矿		0.5	1	
钴/%	硫化钴及砷化钴		≥0.02	≥0.03~0.06	
	钴土矿		≥0.3	≥0.5	
钨/%	石英大脉型		0.08~0.1	0.12~0.15	
	石英细脉带型		0.1	0.15~0.2	
	石英细脉浸染型		0.1	0.15~0.2	
	层控型		0.1	0.15~0.2	
	硅卡岩型		0.08~0.1	0.15~0.2	

续表 4-3

元　素	矿石工业类型		品　位		备注
			边界品位	工业品位	
锡/%	原生锡矿 砂锡矿		0.1~0.2 0.02	0.2~0.4 0.04	
钼/%	硫化矿石	露　采 坑　采	0.03 0.03~0.05	0.06 0.06~0.08	
铋/%				0.5	
汞/%			0.04	0.08~0.1	
锑/%			0.7	1.5	
贵金属矿产					
金	岩金/$g \cdot t^{-1}$ 砂金/$g \cdot m^{-3}$		1~2 0.1~0.3	3~5 0.3~0.6	
银/$g \cdot t^{-1}$			40~50	100~120	

资料来源：中国—东盟矿产资源网 http：//www.10s1.com/Default.aspx.

(3) 矿体赋存特征（I_{21}）：从矿体形态、厚度、倾角、走向、长度、埋藏深度等方面进行综合判断。

(4) 矿石和岩石性质（I_{22}）：影响矿床开采较大的因素包括硬度、坚固性、稳定性、结块性、氧化性、自燃性、含水性以及碎胀性等。

(5) 矿床水文地质条件（I_{23}）：包括主要含水层和隔水层及其特征、岩溶发育规律、矿床地下水水质、补给排泄条件及矿床充水因素、矿坑涌水量预测等因素。

(6) 矿床构造（I_{24}）：即矿床地质构造，是地质作用造成的岩石或矿体变形、变位等现象，主要包括褶皱（背斜、向斜）、断裂（断层、节理、劈理）等。

(7) 矿区地形地貌（I_{25}）：矿区地形、地貌特点，地表重要河流湖泊、建筑物和构筑物等。

(8) 矿区交通运输条件（I_{31}）：矿区交通位置情况，包括离中心市区远近，离主要铁路、公路干线远近；矿区原有道路及配套设施情况等。

（9）矿区施工建设条件（I_{32}）：主要包括矿区建设各种工业设施和行政生活设施所需的施工建设条件、水电供应条件、通讯以及生活条件等。

（10）当地的人文素质条件（I_{33}）：投资对象国教育水平（直接影响到劳动者的素质）、社会心理、社会习惯、宗教信仰、经常使用的语言以及官方语言等。

（11）投资总额（I_{41}）：母公司所投资金总额（自有资金以及银行贷款或通过其他途径取得的资本），不包括外国以及当地资本。

（12）母公司速动比率（I_{42}）：是指母公司速动资产与流动负债的比率。速动资产包括货币资金、短期投资、应收票据、应收账款、其他应收款项等，而流动资产中存货、预付账款、待摊费用等则不应计入。

（13）母公司银行资信等级（I_{43}）：凡在银行开户并申请贷款的企业，银行都会对企业进行信用等级的评定，根据各企业的不同情况，会相应评出"AAA、AA+、AA、AA-、A+、A、A-、BBB、BB、B"等信用等级。其中"AAA"最高，"B"为最低，信用等级越高的企业，越容易获取银行贷款。

（14）汇率（I_{44}）：是指一国货币兑换另一国货币的比率。它是国际贸易中最重要的调节杠杆，其高低直接影响矿产品在国际市场上的成本和价格。

（15）矿山年销售收入（I_{51}）：是指在正常生产年份，拟投资矿山矿产品销售收入以及其他业务收入。

（16）矿山年利税总额（I_{52}）：是指在正常生产年份，拟投资矿山实现的利润与上缴的税金之和。其计算公式为：年利税总额=年营业收入+年营业外收入+年其他收入-生产费用-管理费用-销售费用-其他费用。

（17）全投资内部收益率（I_{53}）：净现值等于零时的折现率。其计算见式（1-5）。

（18）动态投资回收期（I_{54}）：其计算见式（1-6）。

4.2 多因素层次模糊综合评价模型

模糊综合评价法是一种基于模糊数学的综合评价方法。该综合评价法根据模糊数学的隶属度理论把定性评价转化为定量评价，即用模糊数学对受到多种因素制约的事物或对象做出一个总体的评价。它具有结果清晰，系统性强的特点，能较好地解决模糊的、难以量化的问题，适合各种非确定性问题的解决[102,131]。

4.2.1 评价集合的确定

评价集合是对各种指标作出各种可能结果的集合。确定评价集合为 V：$V=\{V_1$（很好），V_2（较好），V_3（一般），V_4（差）$\}$。

4.2.2 评价指标集的确定

根据评价指标体系，设立评价指标集 I，一级评判指标 $I=\{I_1, I_2, I_3, I_4, I_5\}$。二级评判指标有 $I_1=\{I_{11}, I_{12}\}$，$I_2=\{I_{21}, I_{22}, I_{23}, I_{24}, I_{25}\}$，$I_3=\{I_{31}, I_{32}, I_{33}\}$，$I_4=\{I_{41}, I_{42}, I_{43}, I_{44}\}$，$I_5=\{I_{51}, I_{52}, I_{53}, I_{54}\}$。

4.2.3 指标权重集的确定

为了便于比较，对矿业投资项目进行综合评价时，一般来说，指标间的权重是固定不变的。在目前的综合评价中，权重的确定方法有很多，按原始数据的来源不同可划分为两大类[132]：一类是主观赋权法，即根据专家的经验主观判断确定，如德尔菲法（Delphi）、层次分析法（AHP）、模糊子集法（FSM）、比较矩阵法（CMM）等；另一类是客观确定法，即根据评价指标的实际数据确定，如熵值法（EVM）、主成分分析法、相关度法等。因此，可以通过 Delphi 法或 AHP 法[133,134]来确定一级指标以及二级指标的权重，本书采用 Delphi 法，向江西省内外 17 名矿业工程领域专家发出了征询意见表，共收回 12 份问卷，专家情况见表 4-4。

表 4-4　征询专家情况

序 号	人数/个	专家来源	专家职称	专业领域
1	4	高等院校	教授（博导2人）	矿业工程
2	3	设计研究院	教授级高级工程师	矿业工程
3	5	矿山企业	高级工程师	矿业工程

经过计算，得到指标权重见表4-1。

4.2.4　模糊变换矩阵

模糊变换矩阵如下：

$$\boldsymbol{R} = \begin{bmatrix} r_{11} & r_{12} & \cdots & r_{1n} \\ r_{21} & r_{22} & \cdots & r_{2n} \\ \vdots & \vdots & \vdots & \vdots \\ r_{m1} & r_{m2} & \cdots & r_{mn} \end{bmatrix} \tag{4-1}$$

其中，n 表示评价集合中评语数目，m 表示评判指标集中指标数目，$r_{ij}(i=1, 2, \cdots, m; j=1, 2, \cdots, n)$ 表示二级评判指标 I_{ij}对第 j 级评语 V_j 的隶属度。r_{ij}的值按如下方法进行确定：对专家评分结果进行统计整理，得到对于指标 I_{ij}的评语中，有 V_{ij}个 V_j 级评语，则有

$$r_{ij} = \frac{V_{ij}}{\sum_{j=1}^{n} V_{ij}} \quad (j = 1, 2, \cdots, n) \tag{4-2}$$

4.2.5　模糊综合评判

运用模糊运算法则进行模糊综合评判，根据“最大隶属度原则”，得出评判结果。其计算公式为：

$$\boldsymbol{B} = \boldsymbol{W} \cdot \boldsymbol{R} \tag{4-3}$$

式中　·——模糊矩阵乘号；

$\boldsymbol{R}$——I 与 V 对应下的模糊变换矩阵。

4.3 矿业投资变权多目标柔性决策模型

上节建立了矿业投资多因素层次模糊综合评价模型，其中权重是固定不变的。但在实际应用中，当评价的一项指标极端恶劣时，若按固定权来处理，由于评价因素较多，分配给各因素的权重相对较低，往往掩盖某些指标的恶劣状态，从而使得评价结论不能反映客观实际。例如，如果矿床水文地质条件非常恶劣，属于大水矿山，那么即使矿石品位很高，也难以决策是否开发。此时，矿山能否搞好治水工作，攻克大水矿山难题，确保在建设和生产过程中不淹井，成为关键因素之一。因此，将变权原理引入矿业投资决策的综合评价之中，可以更加准确地为矿山决策者提供决策依据。

4.3.1 变权的基本原理

变权是权变思想的应用领域之一，最早将变权的思想和方法数学化表达并应用于综合决策的是我国著名学者汪培庄教授。他认为在一个决策过程中，人们对每一因素的权衡都要随着过程的具体进程而不断变化，这是一种随时间变化的权数，即使在一个固定时刻，人们对各因素的权衡也不是定常的，这是一种变权[135]。

4.3.1.1 变权的公理化定义[136~140]

定义 4.1 惩罚型变权

映射 $W_j: (0,1)^m \to (0,1)$, $(x_1, \cdots, x_m) \to W_j(x_1, \cdots, x_m)$ $(j = 1, 2, \cdots, m)$, 满足

$W1$ 归一性: $\sum_{j=1}^{m} W_j(x_1, \cdots, x_m) = 1$;

$W2$ 连续性: $W_j(x_1, \cdots, x_m)$ 关于每个变元 x_k 连续;

$W3$ 惩罚性: $W_j(x_1, \cdots, x_m)$ 关于每个变元 x_k 单调递减。

定义 4.2 激励型变权

映射 $W_j: (0,1)^m \to (0,1)$, $(x_1, \cdots, x_m) \to W_j(x_1, \cdots, x_m)$ $(j = 1, 2, \cdots, m)$, 满足

$W1$ 归一性: $\sum_{j=1}^{m} W_j(x_1, \cdots, x_m) = 1$;

$W2$ 连续性：$W_j(x_1, \cdots, x_m)$ 关于每个变元 x_k 连续；

$W3$ 激励性：$W_j(x_1, \cdots, x_m)$ 关于每个变元 x_k 单调递增。

定义 4.3 混合型变权

映射 $W_j: (0,1)^m \to (0,1), (x_1, \cdots, x_m) \to W_j(x_1, \cdots, x_m)(j = 1, 2, \cdots, m)$，满足

$W1$ 归一性：$\sum_{j=1}^{m} W_j(x_1, \cdots, x_m) = 1$；

$W2$ 连续性：$W_j(x_1, \cdots, x_m)$ 关于每个变元 x_k 连续；

$W3$ 惩罚性与激励性：（1）当 $0 \leqslant x_j \leqslant p_j$ 时，$W_j(x_1, \cdots, x_m)$ 关于每个变元 x_k 单调递减；（2）当 $p_j < x_j \leqslant 1$ 时，$W_j(x_1, \cdots, x_m)$ 关于每个变元 x_k 单调递增。其中 $p = (p_1, \cdots, p_m)$ 为激励策略。

4.3.1.2 状态变权向量的公理化定义

定义 4.4 惩罚型状态变权向量

映射 $S_j: (0,1)^m \to (0,1), (x_1, \cdots, x_m) \to S_j(x_1, \cdots, x_m)(j = 1, 2, \cdots, m)$，满足

$S1$ $S_j(\sigma_{ij}(x_1, \cdots, x_m)) = S_j(x_1, \cdots, x_m)$，$\sigma_{ij}(x_1, \cdots, x_m)$ 表示交换（$x_1, \cdots, x_m$）中 x_i 与 x_j 的位置；

$S2$ 当 $x_i \geqslant x_j$ 时，$S_i(x_1, \cdots, x_m) \leqslant S_j(x_1, \cdots, x_m)$；

$S3$ $S_j(x_1, \cdots, x_m)$ 关于每个变元 x_k 连续；

$S4$ 对于任何常权向量 $W^{(0)} = (w_1^{(0)}, \cdots, w_m^{(0)})$，其中 $w_j^{(0)} > 0$ $(j = 1, 2, \cdots, m)$，$\sum_{j=1}^{m} w_j^{(0)} = 1$，令

$$w_j(x_1, \cdots, x_m) = \frac{w_j^{(0)} S_j(x_1, \cdots, x_m)}{\sum_{j=1}^{m} w_j^{(0)} S_j(x_1, \cdots, x_m)}$$

其中 $w_j(x_1, \cdots, x_m)$ 满足定义 4.1、定义 4.2 或定义 4.3，则称 $(S_1(x_1, \cdots, x_m), \cdots, S_m(x_1, \cdots, x_m))$ 为惩罚型状态变权向量。

定义 4.5 激励型状态变权向量

映射 $S_j: (0,1)^m \to (0,1), (x_1, \cdots, x_m) \to S_j(x_1, \cdots, x_m)(j = 1, 2, \cdots, m)$，满足

$S1$ $S_j(\sigma_{ij}(x_1, \cdots, x_m)) = S_j(x_1, \cdots, x_m)$，$\sigma_{ij}(x_1, \cdots, x_m)$ 表示

交换（x_1, …, x_m）中 x_i 与 x_j 的位置；

$S2$ 当 $x_i \geqslant x_j$ 时，$S_i(x_1, \cdots, x_m) \geqslant S_j(x_1, \cdots, x_m)$；

$S3$ $S_j(x_1, \cdots, x_m)$ 关于每个变元 x_k 连续；

$S4$ 对于任何常权向量 $W^{(0)} = (w_1^{(0)}, \cdots, w_m^{(0)})$，其中 $w_j^{(0)} > 0$ $(j=1, 2, \cdots, m)$，$\sum_{j=1}^{m} w_j^{(0)} = 1$，令

$$w_j(x_1, \cdots, x_m) = \frac{w_j^{(0)} S_j(x_1, \cdots, x_m)}{\sum_{j=1}^{m} w_j^{(0)} S_j(x_1, \cdots, x_m)}$$

其中 $w_j(x_1, \cdots, x_m)$ 满足定义 4.1、定义 4.2 或定义 4.3，则称 $(S_1(x_1, \cdots, x_m), \cdots, S_m(x_1, \cdots, x_m))$ 为激励型状态变权向量。

4.3.1.3 均衡函数的公理化定义

定义 4.6 映射 $B: (0,1)^m \to R$ 叫做均衡函数是指它具有连续的偏导数并且其梯度向量 $\mathrm{grad}B = \left(\frac{\partial B}{\partial x_1}, \cdots, \frac{\partial B}{\partial x_m}\right)$ 为一个状态变权向量。当 $\mathrm{grad}B$ 为惩罚（激励）型状态变权时，B 称为惩罚（激励）型均衡函数；当 $\mathrm{grad}B$ 为混合型状态变权时，B 称为混合型均衡函数。其变权模式为：

$$w_j(x_1, \cdots, x_m) = \frac{w_j^{(0)} \frac{\partial B}{\partial x_j}}{\sum_{j=1}^{m} w_j^{(0)} \frac{\partial B}{\partial x_j}} \tag{4-4}$$

定理1 设 $g(t)$ 为定义在 $(0,1]$ 上的实值函数且满足 $g'(t)$ 连续且 $g'(t) \geqslant 0$，则 $B_1(x_1, \cdots, x_m) = \sum_{j=1}^{m} g(x_j)$ 为均衡函数。

定理2 设 $h(t)$ 为定义在 $(0,1]$ 上的实值函数且满足 $h'(t)$ 连续且 $h'(t) \geqslant 0$，则 $B_2(x_1, \cdots, x_m) = \prod_{j=1}^{m} h(x_j)$ 为均衡函数。

因此，均衡函数有两种基本类型：（1）$\sum$ 型；（2）$\prod$ 型。以下函数都是均衡函数：

$$\sum\nolimits_1(x_1, \cdots, x_m) = \sum_{j=1}^{m} x_j \tag{4-5}$$

$$\prod\nolimits_1(x_1, \cdots, x_m) = \prod_{j=1}^{m} x_j \tag{4-6}$$

$$\sum\nolimits_\alpha(x_1, \cdots, x_m) = \sum_{j=1}^{m} x_j^\alpha \quad (\alpha > 0) \tag{4-7}$$

$$\prod\nolimits_\alpha(x_1, \cdots, x_m) = \prod_{j=1}^{m} x_j^\alpha \quad (\alpha > 0) \tag{4-8}$$

式（4-5）、式（4-6）依次是式（4-7）、式（4-8）的特例。

根据式（4-7），令 $B(x_1, \cdots, x_m) = \sum_{j=1}^{m} x_j^\alpha (\alpha > 0)$，得变权公式Ⅰ：

$$w_j(x_1, \cdots, x_m) = \frac{w_j^{(0)} x_j^{\alpha-1}}{\sum_{j=1}^{m} w_j^{(0)} x_j^{\alpha-1}} \tag{4-9}$$

当 $0<\alpha<1$ 时，式（4-9）为惩罚型变权公式；当 $\alpha>1$ 时，式（4-9）为激励型变权公式；当 $\alpha=1$ 时，为常权。在实际应用中，确定 α 的大小是个难题，只能依据实际问题以及所采用的评估方法根据经验来确定。

根据式（4-8），令 $B(x_1, \cdots, x_m) = \prod_{j=1}^{m} x_j^\alpha (\alpha > 0)$，得变权公式Ⅱ：

$$w_j(x_1, \cdots, x_m) = \frac{w_j^{(0)}}{x_j \sum_{j=1}^{m} w_j^{(0)} x_j^{-1}} \tag{4-10}$$

4.3.2 矿业投资变权多目标柔性决策模型

4.3.2.1 矿业投资评价指标的分级

根据对表4-1中评价指标的解释，可以对矿业投资评价指标进行分级，结果见表4-5。

表 4-5 矿业投资评价指标的分级

指标	1	0.9	0.8	0.7	0.6	0.5	0.4	0.3	0.2	0.1
I_{11}	非常丰富		丰富		较丰富		一般		差	
I_{12}	很好		好		较好		一般		差	
I_{21}	很好		好		较好		一般		差	
I_{22}	很好		好		较好		一般		差	
I_{23}	很好		好		较好		一般		差	
I_{24}	很好		好		较好		一般		差	
I_{25}	很好		好		较好		一般		差	
I_{31}	很好		好		较好		一般		差	
I_{32}	很好		好		较好		一般		差	
I_{33}	很好		好		较好		一般		差	
I_{41}	很合适		合适		较合适		偏少		很少	
I_{42}/%	>200		(150,200]		(100,150]		(50,100]		≤50	
I_{43}	AAA		AA 及以上		A 及以上		BBB 及以上		BB 及以下	
I_{44}	稳定		有波动但较稳定		有一定波动但可接受		波动大，将带来一定损失		极不稳定，将带来较大损失	
I_{51}	稳定		较稳定		会小于预期但可接受		不稳定，有停产可能		极不稳定	
I_{52}	稳定		较稳定		会小于预期但可接受		不稳定		极不稳定，有亏损	
I_{53}/%	>12		(9, 12]		(6, 8]		(3, 5]		≤0	
I_{54}/a	≤8		(8, 10]		(10, 15]		(15, 20]		>25	

4.3.2.2 海外矿业投资变权多目标柔性决策模型的建立

（1）建立评价集合。评价集合为 V：$V = \{V_1$(很好), V_2(较好), V_3(一般), V_4(差)$\}$。

（2）建立评价指标集及常权重。评价指标集及常权重的确定同前，见表4-1。

（3）确定均衡函数及变权公式。采用均衡函数式（4-7），相应的变权公式为式（4-9），并取 α 的不同值进行测算。

（4）确定拟投资矿山各评价指标的分级值。根据拟投资矿山实际情况，参照分级规则进行确定。

（5）进行变权综合评价。综合评价值为 V，其计算公式：

$$V = \sum_{j=1}^{m} w_j S_j \tag{4-11}$$

式中 S_j——评价指标的分级值。

5 典型海外矿业投资实例应用

利用前述理论成果，本章以我国某钢铁企业集团（以下称为“A钢铁集团”）收购津巴布韦某铬业有限公司控股某公司股权项目为例进行系统分析与应用。评价基准日为2008年6月30日。

5.1 海外矿业投资项目决策基本要素

5.1.1 决策目标

（1）项目的实施是对国家“走出去”战略的积极响应。

我国由于长期受资源约束，因此让更多的企业“走出去”整合全球资源、培育具有国际竞争力的世界跨国公司、参与国际市场竞争是国家对外开放过程中实施的重要战略之一。

本项目的实施是在矿产资源方面对中央“走出去”战略方针的具体贯彻，是对国家“利用两种资源、面向两个市场”的积极响应。津巴布韦是一个金属矿产资源极其丰富的国家，加强同津巴布韦的资源互补合作，对于两国及中非的经贸合作具有良好的促进作用，对贯彻国家全球资源战略具有重要而深远的意义。

（2）项目的实施可以缓解中国铬资源匮乏状况。

我国是一个铬资源严重匮乏的国家，目前探明储量不足1000万吨，这已成为制约我国不锈钢等产业发展的瓶颈，亟待尽快解决。由于铬矿资源短缺，进口矿供应情况将成为影响中国铬铁市场的一个决定性的因素。若该项目获得成功实施，A钢铁集团将在南非占有上亿吨铬矿资源的基础上，进一步在津巴布韦锁定超过1亿吨的高品质铬矿资源。这将大大改善我国铬矿资源供应短缺的现状，为我国不锈钢产业提供源源不断的原料供应，进而有力地保障我国钢铁行业的健康持续发展。

综上所述，本项目投资决策的目标首先是占有海外资源，缓解国内铬矿资源供应短缺的压力，实现我国矿业企业的可持续发展；其次是获取利润，这样才能将我国钢铁企业集团打造成具有国际竞争力的世界跨国公司，进一步增强其可持续发展能力。因此，后面在对该项目进行技术经济评价时，评判准则是：技术上可行，经济上不亏损或微亏损的前提下，经济效益较好的投资方案为优。

5.1.2　决策主体

被收购公司 ZC 是在毛里求斯注册的公司。ZH 子公司是 ZC 在津巴布韦成立的控股公司，ZH 总部设在哈拉雷，下有能源勘探有限公司、ZI 铬业有限公司和 MA 牧场三个企业。

A 钢铁集团通过收购 ZC 公司的部分股权，控股 ZH 公司。鉴于 A 钢铁集团目前暂不考虑经营天然气和牧场，为简化起见，将能源公司和牧场资产并入 ZI 铬业有限公司进行项目经济评价，即本项目决策的主体为 A 钢铁集团与 ZC 公司联合体（而不是 ZH 公司），其中中方决策主体为 A 钢铁集团。因此，中方在制订决策方案时应主要考虑我方利益，兼顾 ZC 公司利益，这样才能制订出对方可以接受的方案，为成功收购打好共同利益基础。

5.1.3　决策准则

根据本项目决策目标以及决策主体情况，将该项目决策准则调整为：一是技术成熟可行，在类似矿山已被成功推广与应用；二是在对方有一定经济利益的基础上（否则，不可能完成收购），中方经济上保证不亏损或微亏损；三是在经济效益指标差别不大的情况下，尽量采用技术简单的可靠方案；四是尽量寻找实现经济效益最大化的条件及途径，例如实行柔性生产等。

5.1.4　决策方案

根据 ZI 铬业有限公司下属矿山实际情况，设计院提出了主要设计方案，并进行了技术经济分析与论证。以此方案为基础方案，本章将提出若干方案进行对比分析，指出基础方案的优缺点，找到增加经济效益的有效途径，充分展示本书构建的整套理论与方法体系的实用与推广价值。

5.2 项目投资环境及主要风险因素

5.2.1 项目背景

早在20世纪90年代，A钢铁集团即在南非进行铬矿资源项目的开发，建立了某合资公司（A钢铁集团占60%股份），控制了约4500万吨的铬矿资源，并成功地进行运营和管理。2005年，A钢铁集团与控制南非70%铬矿资源的南非某公司在铬矿项目上开展合作，并于2006年11月正式签署合资协议，成立合资公司（A钢铁集团占50%股份），进一步在南非锁定了约7000万吨的铬矿资源，该合资企业已于2007年5月正式投入运营。以上两个合资项目的成功实施，大大缓解和改善了我国铬资源匮乏的状况，对我国不锈钢产业乃至整个国民经济的可持续发展具有不可低估的战略意义。

在国家大力推进海外矿产资源开发的大背景下，A钢铁集团依托自身在南非成功开发铬矿资源的丰富经验和优势，也在非洲其他地区寻找有条件的合作者，致力于为我国市场提供稳定的铬矿资源供应渠道。通过实地考察和积极的商务洽谈，2006年11月，A钢铁集团与津巴布韦国内最大的铬矿和铬铁生产商的控股公司展开了合作历程，该控股公司目前经营状况良好。

5.2.2 津巴布韦投资环境

5.2.2.1 津巴布韦概况

津巴布韦属于非洲东南部内陆国，东邻莫桑比克，南接南非，西、西北与博茨瓦纳、赞比亚毗邻。属热带草原气候，年均气温22℃；10月温度最高，平均32℃，7月温度最低，平均13～17℃。面积390580平方公里，2002年有人口1310万。首都哈拉雷（Harare），为全国最大城市，人口187万，海拔1470m。官方语言为英语。1980年4月18日正式宣布独立，成立津巴布韦共和国。1987年5月修改宪法，实行总统制和一党制。

津巴布韦的矿产资源较丰富，具有一定规模的矿种包括：金、铬、镍、铁、铜、钴、煤等。津巴布韦是非洲第五大金资源国，金资源量约600吨，主要产于太古宙绿岩带中；铬主要分布在津巴布韦著名的基性超基性大岩墙（Great Dyke）中。据2002年统计，铬储量为14亿吨，占世界总量的8.75%；镍储量为15万吨，储量基础为26万吨。

5.2.2.2 津巴布韦能源、交通运输等基础设施

津巴布韦交通运输以铁路、公路和航空为主，海运主要通过南非的德班港（距哈拉雷1700km）和莫桑比克的贝拉港（距哈拉雷600km）、马普托港（距哈拉雷约1200km）。铁路通往南非、莫桑比克、赞比亚和博茨瓦纳。空运方面，津巴布韦航空公司有波音767、737等客机，经营至周边国家以及伦敦、北京等十多条国际及国内航线。共有3个国际机场，分别为哈拉雷、布拉瓦约和维多利亚瀑布机场。

5.2.2.3 津巴布韦政治现状及结构

1980年独立后，津巴布韦政局曾长期稳定。2000~2002年，津巴布韦政府实施“快速土改计划”，征收白人土地，用于安置无地或少地的黑人农民，导致社会矛盾激化，经济下滑，陷入政经危机，西方国家对津巴布韦实施不宣布的经济制裁。但津巴布韦目前总的政局相对比较稳定，且中津两国长期保持友好关系，津巴布韦政府对中方公司在津巴布韦进行投资持积极欢迎和大力支持的态度。

现行宪法于1979年12月在英国主持下由津巴布韦各主要党派在伦敦举行的制宪会议上制订，独立时开始生效，后经数次修改。宪法规定津巴布韦实行总统内阁制。2005年，国民议会通过第17号宪法修正案，增设参议院，规定津议会实行两院制。

5.2.2.4 津巴布韦的经济及经济政策

A 经济环境综述

独立后，津巴布韦政府吸取了非洲独立较早国家的发展教训，未实行大规模的国有化，而是实行公有制（占GDP的20%）和私有制（占GDP的80%）并存的混合经济。津巴布韦工农业基础相对较好，其经济发展水平曾经在南部非洲地区仅次于南非。

进入20世纪90年代，由于津巴布韦土地问题争端不断升级，经济连年下滑。2000年以来，出口锐减，国际货币基金组织停援，外

汇储备几近枯竭，货币贬值压力增大；人民购买力下降，经济缩水约40%。2006年津巴布韦GDP负增长约5.1%。外汇、燃油和生活必需品短缺，通货膨胀率激增，津元加速贬值，大量人口涌入邻国。

B　外汇管制情况

津巴布韦所有的外汇交易都受Exchange Control Act的监管。根据这个法案，津巴布韦储备银行负责对津巴布韦境内居民和非居民外汇的支出、结售汇、拆借进行审批。津巴布韦储备银行、商业银行和其他可接受的机构是外汇交易的授权经营主体。有关外币账户自留外汇方面的规定是不时发生变化的，并且在通知后很短的时间就改变。在津巴布韦不通过授权经销机构购买外汇是非法的；另外，没有预先的外汇管制的批准，举借外债也是非法的。

从2000年开始，津巴布韦外汇短缺。主要原因是：农产品产量减少和其出口减少，进口增加；国家机构的外汇贷款缺失；由于汇率高估，其他产品出口减少等。

C　黑人经济权益（BEE）

津巴布韦政府目前正在酝酿修改矿法，新矿法有可能要求在矿业公司中当地黑人持股达到51%，再依据该公司对社会的贡献大小，对该比例进行相应抵扣，但津巴布韦矿山协会要求政府将该BEE持股比例下降到30%，具体比例仍在协商中。

D　投资法律政策及劳资关系

津巴布韦法律体系较为健全，公司法、矿业法、会计政策与南非相似；税收体系较完善，矿业企业上缴的所得税享有优惠；津巴布韦当地劳工关系、黑人白人之间关系比较正常，较南非缓和。

E　主要税收政策

根据津巴布韦税法的规定，津巴布韦主要税种为所得税、增值税和资本利得税。具体到ZI公司，其适用的税为公司所得税，税率为15%。

5.2.3　项目主要风险因素及规避措施

5.2.3.1　国别风险及规避措施

津巴布韦目前总的政局相对比较稳定，且中津两国长期保持友好关系。

津巴布韦政府对中方公司在津巴布韦进行投资持积极欢迎和大力支持的态度；津巴布韦当地社会较为稳定，劳工关系、黑人白人之间关系比较正常，较南非缓和，外国人在当地的安全感较高。

对国别风险的规避措施是将来新企业应尽早建立政治和社会风险识别、判断和应对机制，将可能出现的社会风险对项目的影响程度降到最低。

5.2.3.2　法律、政策风险及规避措施

法律、政策风险是指由于津巴布韦政府法律及政策（如当地黑人经济权益问题，即BEE问题）作出重大调整，造成本项目原定目标难以实现甚至无法实现而带来的风险。

津巴布韦法律体系较为健全，公司法、矿业法、会计政策与南非相似，税收体系较完善，但津巴布韦方面政策变化的不确定性难以预料。A钢铁集团在与对方签署框架协议时，考虑了津巴布韦政府在矿业开发政策上可能发生的变化，特别是BEE政策的变化，规定了对方股东在解决BEE问题的责任，这就大大降低了政策风险对本项目的不利影响。建议未来公司密切关注津巴布韦政府未来相关政策的变化情况，及早分析研究，采取合理对策，以规避可能出现的政策风险对本项目带来的损失。

5.2.3.3　外汇风险及规避措施

该项目的产品全部外销，电耗和部分主要辅助材料等从外国进口，原料和产品的铁路运输费用必须用美元支付，因此，汇率因素的变化对本项目的经济效益影响较大。合资企业历来与津巴布韦政府部门合作关系良好，与中央银行也有着长期的、密切的业务联系。未来企业投入运营时，应尽量保持这种合作关系，以获得最符合正常市场的汇率，保证企业利益的最大化，保证未来企业的正常运营。

5.2.3.4　市场风险及规避措施

该项目市场风险主要来自于主要材料燃料消耗，如采选辅助材料、冶炼厂还原剂、溶剂、LPG等的实际采购价与预测价格发生偏离，将使项目生产成本增加。该项目消耗的原材料、辅助材料和燃料为铬精矿与一般工业产品，津巴布韦的资源较为丰富，而且紧靠工业

基础雄厚、能源供应充足可靠的南非，供应有保障。

5.2.3.5 资源风险及规避措施

所投资矿山各级别资源量超过1.08亿吨，品质优良，从整体的地质资源来看，尽管矿体较薄、分布不太均匀，但矿体在整个矿权范围内是连续的，矿体的分布面积是可观的。但勘探资料会与实际生产时遇到的状况存在不同程度的偏差，详实的资源量数据有待进一步证实。因此，在今后的生产中应加强探矿工作，使铬矿资源升级，从而降低项目资源风险。

5.2.3.6 技术风险及规避措施

本项目目标公司为正在生产运营的企业，采用的采矿、选矿和冶炼等生产工艺成熟、可靠、适用。由于矿层薄、现有的开采方法采矿成本较高，随着原材料及电力涨价、劳动力成本的增加，必然导致单位采矿成本增大，势必影响本项目的经济效益。因此，应对矿山开采技术进行研究，提出适合的开采方法，降低采矿成本，以降低矿山开采的技术风险。

从过去几年的生产指标看，由于市场、原料等方面的原因，冶炼厂的实际生产没有达到设计能力；在本项目完成后，随着原料供应的增加和工艺技术的改善，生产技术经济指标和产能都可以得到全面提高。但仍需要对现有企业生产状况做更深一步的调查分析，采取有效技术措施，防止设计生产能力利用率、生产成本等与未来实际生产产生偏差，从而达不到未来企业预期的目标。

5.2.3.7 环保风险及规避措施

矿山和冶炼厂需要对现有环保设施进行改造，这将增加企业资金投入，给未来公司带来一定的风险。根据津巴布韦政府的环保要求，考虑了通过上交2%销售收入的资金作为将来的环保承诺金，有效地规避了环保风险。同时，建议在收购完成后，新公司应积极研究探讨经济合理的技术改造措施，以降低风险。

5.2.3.8 劳工风险及规避措施

津巴布韦初级教育较普及，普通工人和半技术工人相对容易雇到，但缺少技术工人，雇佣较为困难。津巴布韦1991年实施了经济结构调改计划后，各公司为追求效益，提高竞争能力，不断裁减人员，失业人数不断加大，使劳动力市场的竞争变得更加激烈。由于失业率较高，一些比较低级的工人开始进行个体经营项目或组成互助组形式。然而，主要的就业机会还是集中在城市、乡镇、开发区和商业农庄。近年来，越来越多的毕业生进入劳动力市场。他们的优势是受教育程度较高，比较容易培训。

因此，建议新公司将国内部分技术工人和管理人员按照一定的用人机制派往津巴布韦，并对招聘的普工或高校毕业生进行岗前以及在职培训，同时给他们提供一份稳定且有吸引力的合同，将可能出现的劳工风险对本项目的影响程度降到最低。

5.2.3.9　企业运营风险及规避措施

津巴布韦自然资源丰富，工农业基础较好，其经济发展水平在南部非洲地区仅次于南非，主要外部协作配套条件相对比较稳定，发生重大变化的可能性很小；原材料价格上涨或者管理不善而导致投资和运行成本增加的可能性不大，即使有部分影响，也均属于新公司可以承受的范围，通过加强管理以及与当地老股东的沟通，可以最大限度地减少不利因素对企业未来生产经营活动的影响。

5.3　项目地质资源概况

5.3.1　矿区地质条件

5.3.1.1　矿区地质

津巴布韦的铬铁矿以两种不同的地质形式存在：第一种是以矿层形式存在于矿区Ⅰ的超镁铁质层中；第二种是以扁豆状矿体的形式存在于矿区Ⅱ的辉岩带中。

津巴布韦某铬业有限公司所属矿区范围广大，南北方向长度约500km，东西方向长度约100km，主要生产矿山位于矿区Ⅰ和矿区Ⅱ。矿区Ⅰ从南到北的地形变化相当大，南端位于海拔910m上，主要特征是低垄和高原地形，辉岩主要由花岗岩突岩围绕；北部矿区的特征是平原，含矿的辉岩带形成了主要的山脉。矿区Ⅱ位于津巴布韦中部省份的Gwesu东南约33km，该地区属于Ⅱ级自然生态区。

矿区Ⅰ是该铬业公司今后开采铬矿的主要矿段。矿区Ⅰ矿体埋藏深度 400 ~ 500m，一般有 2 ~ 3 层矿，每层矿之间距离约 100m；矿层厚度 0.12 ~ 0.3m，矿体薄且缓，倾角 19° ~ 26°，矿体厚度 0.1 ~ 0.2m。已确定了的有两个主要矿床和若干次要矿床。

5.3.1.2 矿床地质

根据矿体的赋存条件，该矿山可以分成两种类型：一类是以矿区Ⅱ某矿段为代表的急倾斜厚大矿体，属于扁豆状矿床；另一类为矿区Ⅰ的缓倾斜极薄矿体，分为南部、中部和北部，几乎纵贯津巴布韦，总长度约 500km。该矿体特征为缓、薄，矿体倾角 19° ~ 26°，厚度为 0.1 ~ 0.2m。在矿区Ⅰ，该公司拥有的资源量为 1.05 亿吨，可采矿量 6939 万吨，成品矿量 4887 万吨，是今后主要的矿石基地。

5.3.2 矿石加工性能与开采技术条件

5.3.2.1 矿石加工技术性能

根据该公司提供的相关地质资料，矿石主要成分是 Cr_2O_3，品位高，杂质和有害元素含量低，剔除围岩后的矿石可以达到直接冶炼的要求。原矿物理性质为：矿石密度 3.8 ~ 4.2t/m^3，围岩密度 2.8 ~ 3.3t/m^3。

5.3.2.2 矿床开采技术条件

矿区Ⅱ围岩为辉岩，稳固性较好。矿区Ⅰ矿体顶板为斜方辉橄榄岩，底板为辉岩，稳固程度中等。矿区周边无大的地表水系，地表为第四系覆盖，植被稀疏，人烟稀少，无重要的构（建）筑物，允许塌陷。

5.3.3 矿区地质资源储量

5.3.3.1 地质探矿工作与勘探程度

两个矿床均由公司地质部来勘探，利用钻孔来寻找新矿体，由公司地质部统一管理。由于公司所属矿区范围大，尽管地质部门对矿山地质做了较多的工作，但勘探工作还是不够，特别是缺少水文地质资料。对矿山今后的矿石资源界定仍需进行大量的工作，勘探工作还需要进一步扩展。

由于历史的原因，沿矿区Ⅰ周边已进行了大量的浅层采矿。资源被开采的深度和资源被采尽到何种程度还不完全清楚。

5.3.3.2　地质资源储量计算

津巴布韦境内有两个铬矿带，一个为著名的大岩墙（Great Dyke）矿带，另一个为 Mberengwa 南部地区的 Limpopo 矿带。该公司就是以大岩墙（Great Dyke）矿带为主进行开发的主要生产商。

公司总部位于首都哈拉雷，以铬矿、铬铁生产为主。该公司铬矿山主要分为津巴布韦 Shurugwi、南部、中部及北部大岩墙（Great Dyke）四个主要矿区，拥有津巴布韦 4364 块铬矿资源中的 1704 块，占有比例为 39%；探矿面积 46060hm^2，约占总量的 35%。截至 2006 年底，该公司拥有铬矿资源总量 1.08 亿吨，大约可采成品矿 4900 万吨，资源分布情况见表 5-1 和表 5-2。

表 5-1　公司资源分布情况（一）

矿区		SHURUGWI			南部大岩墙（Great Dyke）		
		数量/10^6t	Cr_2O_3/%	Cr：Fe	数量/10^6t	Cr_2O_3/%	Cr：Fe
证实的	资源量	0.53	38.22	2.3	0.15	42.93	2.12
	可采量	0.52	38.2	2.28	0.01	43.68	2.15
	成品量	0.43	37.64	2.25	0	43.53	2.03
探明的	资源量	0.21	38.16	2.47	0.17	43.21	2.1
	可采量	0.1	36.71	2.16	0		
	成品量	0.07	36.71	2.16	0		
控制的	资源量	2.29	35.3	2.27	15.87	38.53	1.96
	可采量	0.63	42	2.85	11.96	40.16	2.02
	成品量	0.42	41.98	2.84	9.17	38.52	1.95
推断的	资源量	0.69	38.55	2.36	33.08	38.92	1.97
	可采量	0.35	42.2	2.58	20.26	40.84	2.06
	成品量	0.21	42.14	2.57	12.07	38.94	2
合计	资源量	3.72	36.48	2.3	49.26	38.82	1.97
	可采量	1.6	40.47	2.56	32.23	40.58	2.04
	成品量	1.13	40.04	2.53	21.24	38.77	1.98

表 5-2 公司资源分布情况（二）

矿区		中部大岩墙（Great Dyke）			北部大岩墙（Great Dyke）		
		数量/10^6t	Cr_2O_3/%	Cr：Fe	数量/10^6t	Cr_2O_3/%	Cr：Fe
证实的	资源量	0.03	45.96	2.36	0.24	49.43	3.02
	可采量	0.01	45.21	2.25	0.21	49.58	2.99
	成品量	0.01	44.31	2.2	0.16	45.12	2.57
探明的	资源量				0.03	48.35	2.86
	可采量				0.03	48.27	2.84
	成品量				0.02	43.92	2.45
控制的	资源量	5.42	41.37	2.09	1.95	49.14	3
	可采量	6.28	42.34	2.15	1.65	41.77	2.54
	成品量	4.87	35.82	1.79	1.32	38.01	2.19
推断的	资源量	37.95	41.13	2.01	10.13	48.3	3.01
	可采量	20.75	42.34	2.1	8.24	44.65	2.79
	成品量	15.05	40.57	2	6.19	43.27	2.56
合计	资源量	43.4	41.16	2.02	12.35	48.45	3.01
	可采量	27.04	42.34	2.11	10.12	44.29	2.76
	成品量	19.93	39.41	1.95	7.7	42.41	2.49

由此可见，该公司拥有的资源量是非常可观的，而且资源质量很好，Cr_2O_3 含量达到40%左右，铬铁比达到2~3，有害元素和杂质元素含量很低。

5.4 项目规模与主要工艺方案

5.4.1 项目规模与产品方案

5.4.1.1 项目规模

该项目采矿规模如下：开采矿石 70.8 万吨/年，其中直接送冶炼厂原矿 47.8 万吨/年；选矿规模：处理原矿石 23 万吨/年，铬精矿产量 11.4 万吨/年。冶炼厂规模为：高碳铬铁产量 21.7 万吨/年。压块厂规模为：压块产量 12.8 万吨/年。

5.4.1.2　产品方案

合资公司所属矿山众多，矿山的产品主要为高品位铬铁矿。冶炼厂产品为高碳铬铁。

5.4.2　主要工艺方案

5.4.2.1　矿山主要工艺方案

A　采矿工艺方案

公司主要生产矿山位于矿区Ⅰ和矿区Ⅱ。矿区Ⅰ的开采范围在大岩墙（Great Dyke）矿体东、西两侧，中间部位不在采矿权范围之内。因为矿体的形状、大小和厚度各不相同，公司各矿山采用了不同的开采方法，目前采用的开采方法有：露天开采（深凹露天开采法和露天分条开采法）、地下开采（分段空场开采法以及削壁充填采矿法）。

由于部分地下矿山开采成本高，建议应尽快进行新的采矿方法和机械化开采研究，提高劳动生产率，改善劳动条件，降低采矿成本；另外，露天开采的剥采比过大，成本过高，应考虑采用其他的开采方式。限于本书的任务，不再进行深入研究，后面进行技术经济评价时仍采用原工艺方案，下同。

B　选矿工艺方案

公司所属矿山众多，矿山的产品主要为高品位铬铁矿。只有矿区Ⅱ某矿山建有较完整的选矿厂，由于该矿山剩余资源不多，如果在矿区Ⅱ附近不能找到新的可选矿石资源，该选矿厂可能在三年后关闭或转移到新的需要选矿的矿山。但是从选矿厂生产现状来看，选矿设备主要为皮带运输机，厂房为简易钢结构，一旦拆迁转移，可利用部分价值不高。如果该矿山关闭，其他矿山有可选矿石，在成本允许的情况下，应将矿石运至现有选矿厂选别。北部矿区Ⅰ建有一个集中筛分厂。其他矿区暂时没有选矿，只对采出矿石进行简单机械破碎和人工分拣，主要拣出块矿，回收少量高品位粉矿，大部分低品位粉矿没有分选回收。

根据矿石性质和现有选矿厂生产实际，合资公司选矿厂主要采用筛分、手选和重选生产工艺流程，建议在保证精矿质量的前提下，尽量提高块矿比例。

5.4.2.2 冶炼厂主要工艺方案

冶炼厂设计年生产能力约为21.7万吨，位于津巴布韦中部城市Kwekwe城区范围内。Kwekwe是津巴布韦第五大城市，属国家级工业生产基地，其铁路、公路交通运输便利，距离首都哈拉雷213km，距离最近的城镇Gweru 67km。

冶炼厂目前采用的是敞口式电炉，加料车加料，生产工艺成熟、设备简单可靠、技术指标稳定、生产潜力较大。就企业目前运行情况看，现有设备能够满足生产高碳铬铁的要求，产品质量好（铬金属含量60%以上），但由于其整体装备水平较低，要得到更好的技术经济指标，尚需进行技术完善和改造。

冶炼基本流程是：各种原料运入→分类堆放→配料→炉前料仓→加料机加料→电炉冶炼→铸锭→空气冷却→送破碎筛分→产品外售。

5.5 项目经济评价与决策

5.5.1 项目价值评估

该项目价值评估从项目账面价值、重置成本及NPV三个方面进行。评估内容包括有形资产（矿山、选矿厂及冶炼厂）、无形资产、地表权。价值评估货币单位按美元计算，汇率按南非保险商和基金经理公司（Old Mutual）在伦敦证券交易市场和津巴布韦证券交易市场的股票实时价格比率计算，该比率反映真实的美元兑津巴布韦元的汇率（OMIR）。根据项目决策目标，NPV评估采用的财务贴现率按8%考虑。

5.5.1.1 账面价值

账面价值是对矿山及冶炼厂资产的账面价值的评估。根据投资公司提供的相关资料以及相关咨询公司、会计师事务所提交的相关报告，其账面价值为4452.42万美元。账面价值明细见表5-3。

表 5-3　账面价值估算表

序　号	工程和费用名称	价值/万美元
1	地表权	192.51
2	建构筑物	797.96
3	设备及安装	1471.54
4	在建工程	412.88
5	家具及装配	492.25
6	机动车辆	349.95
7	矿山开拓工程	735.33
	合　计	4452.42

5.5.1.2　重置成本

重置成本是对矿山及冶炼厂按照同等生产规模和工艺流程、当地现行价格水平重新建造新的矿山和冶炼厂所需的投资。包括有形资产和地表权。经设计院估算，其重置成本为 26900.46 万美元，其中采矿场 8377.57 万美元、选矿厂 352.98 万美元、冶炼厂 15549.40 万美元、地表权 192.51 万美元、工程管理费 2428 万美元，重置资本未包括资源勘探费。重置成本明细见表 5-4。

表 5-4　重置成本估算表

序号	工程和费用名称	价值/万美元					
		开拓工程	建筑工程	设备购置	安装工程	其他费用	总价值
一	采矿场	3585.67	598.36	3735.25	458.29		8377.57
1	公司自营矿山						
1.1	某矿（竖井开采）	1598.00	157.08	924.53	147.92		2827.53
1.2	坑　采	255.57	130.41	118.65	19.24		523.87
1.3	露　采		166.83	580.80	11.62		759.25
2	劳务分包矿山						
2.1	坑　采	1732.10	61.54	1650.90	268.70		3713.24
2.2	露　采		82.50	460.37	10.81		553.68

续表5-4

序号	工程和费用名称	价值/万美元					
		开拓工程	建筑工程	设备购置	安装工程	其他费用	总价值
二	选矿厂		79.29	238.08	35.61		352.98
1	原矿受矿及筛分		20.58	82.32	6.59		109.49
2	锥形重介质选矿机车间		10.71	42.84	4.28		57.83
3	重介质旋流器车间		10.77	43.08	5.17		59.02
4	辅助车间		18.81	53.73	8.06		80.60
5	公用辅助设施		18.42	16.11	11.51		46.04
三	冶炼厂		2617.17	10720.08	2212.2		15549.4
1	电炉生产厂		1835.33	8342.40	1501.6		11679.4
2	压块厂		243.24	972.97	304.06		1520.27
3	NCS 工段		60.90	243.60	36.54		341.04
4	AFS 工段		61.20	244.80	36.72		342.72
5	公共辅助设施		416.50	916.31	333.20		1666.01
四	地表权					192.51	192.51
五	工程管理费					2428.0	2428.00
	合　计	3585.67	3294.82	14693.41	2706.1	2620.5	26900.5

5.5.1.3 收益现值（*NPV*）评估

收益现值（*NPV*）评估是从目标公司未来收益的角度，在公司“持续经营”的假定前提下，将目标公司未来预测的收益进行贴现，计算目标公司的价值。根据上述分析结果，得出公司未来各年净现金流量预测结果，见附录A，这样计算可得该项目收益现值为22759.79万美元。

5.5.2 投资估算

5.5.2.1 新增建设投资

为满足开采矿石规模70.8万吨/年，生产59.2万吨/年铬精矿（21.7万吨/年的高碳铬铁产品）的需要，需新建和替换矿山，同时还要对冶炼厂进行扩建技术改造，项目建设工期为两年。需要的计划投资包括两个方面：一是新建采矿场、替换采矿场以及各个生产矿山的开拓及延伸，二是冶炼厂改造。

估算后，投资公司未来20年计划投资为14032万美元，其中，矿山部分为6677万美元、冶炼厂部分为7355万美元，选矿厂暂不考虑进行改造扩建。新增建设投资为3049.20万美元，其中，采矿场651万美元、冶炼厂2121万美元、工程管理费277.20万美元。

项目20年投资计划以及新增建设投资明细见附录B和附录C。

5.5.2.2 投资总额

投资总额包括建设投资、建设期利息和流动资金。该项目投资总额包括利用现有固定资产价值、新增建设投资、建设期利息以及项目达产第一年所需的流动资金。

该项目投资总额为16549.20万美元，其中，现有资产价值按双方最终确认的收购价13500万美元（含固定资产11375万美元，流动资金2125万美元）；新增建设投资3049.20万美元，建设期利息为0。

项目投资使用计划和资金筹措明细见附录D。

5.5.3 项目传统财务评价与决策

5.5.3.1 成本与费用

A 成本与费用估算说明

（1）矿山经营采用自营、劳务分包经营和外包经营三种方式。其中劳动力公司经营和承包商经营部分按购买矿石计算原料费，矿石购买单价参照现行价按45美元/吨矿计。自营矿山估算生产成本。

（2）辅助材料、燃料及动力的消耗量根据现有生产指标和项目实施后的具体情况确定，价格均为到厂价。

（3）职工工资维持现行工资水平，即矿山平均工资为1440美元/(人·年)，冶炼厂平均工资为2472美元/(人·年)。

（4）制造费用：折旧费和修理费参照现有指标估计，同时根据设备运行情况考虑了生产期的更新改造资金的投入。其他制造费用参照现有指标估计。

（5）管理费用：参照现有指标以及津巴布韦法律法规估算。其中，特许权使用费为销售收入的2%；需支付给环保部门的费用为销售收入的2%。

(6) 财务费用：包括长期借款生产期利息和流动资金借款利息等。

(7) 销售费用：包括运费及其他销售费用。其中，运费参照现有销售费用指标估算；其他销售费用为销售收入的0.875%。

B 成本与费用估算

自营矿山开采方式有地下和露天开采两种，其中地下开采有：P矿的竖井开拓和G矿段的斜井开拓。P矿的竖井开拓以及选厂服务年限还有3年，以后矿山开采方式全部为斜井开拓和露天开采。作业成本以及分年总成本费用估算明细见附录E。

项目达产年平均总成本费用为14047.84万美元，每吨铬铁总成本费用为645.44美元（每磅铬铁48.79美分）。达产年平均经营成本为12836.67万美元，每吨铬铁经营成本为589.79美元（每磅铬铁44.58美分）。

5.5.3.2 财务评价

A 项目经营成本与销售收入

根据矿山生产和销售计划，项目第1年除满足冶炼厂矿石需要外，其余矿石外售。从第2年开始，矿山生产能力（含外包）与冶炼厂恢复2号炉后的矿石需要量相匹配，所产矿石全部供给冶炼厂，不再外售。冶炼厂产出铬铁合金（达产年平均）21.7万吨，全部出口。

产品价格采用长期市场预测出口价，其中，矿石110美元/吨；铬铁ALT级为1430美元/吨（65美分/磅），R和S级为1364美元/吨（62美分/磅）。

根据被收购公司近几年财务报表，项目结算汇兑损失为销售收入的8%，扣除汇兑损失后达产年平均实际销售收入为16462.09万美元。

根据津巴布韦税收规定，增值税按产品15%征收，本项目产品按出口考虑，可免征增值税。项目需缴纳企业所得税，税率15%。

经测算，项目经营成本及销售收入情况见表5-5。产品产量和销售收入估算明细见附录F。

表 5-5　项目经营成本与销售收入

序　号	指标名称	单　位	指标数值	备　注
1	成本与费用			达产年平均
1.1	总成本费用	万美元/年	14047.84	
1.2	经营成本	万美元/年	12836.67	
1.3	每吨铬铁总成本费用	美元	645.44	
1.4	每吨铬铁经营成本	美元	589.79	
2	销售收入	万美元/年	16462.09	达产年平均
3	增值税	万美元/年	0.00	达产年平均
4	销售税金及附加	万美元/年	0.00	达产年平均
5	利润总额	万美元/年	2414.25	达产年平均
6	所得税	万美元/年	362.14	达产年平均
7	税后利润	万美元/年	2052.11	达产年平均

B　利润

项目达产年平均利润总额为2414.25万美元/年，交纳所得税后的余额为净利润，达产年平均净利润为2052.11万美元/年。分年利润及分配明细见附录G。

C　投资项目财务评价指标

该项目财务评价指标见表5-6。项目财务现金流量分析以及中方财务现金流量分析明细见附录H。

表 5-6　投资项目财务评价指标

序　号	指 标 名 称	单　位	指标数值
8	全投资财务内部收益率		
	所得税后	%	18.26
	所得税前	%	21.95
9	全投资财务净现值（$i=8\%$）		
	所得税后	万美元	11376.82
	所得税前	万美元	15044.74
10	全投资财务内部收益率	%	18.26

续表 5-6

序 号	指 标 名 称	单 位	指标数值
11	全投资回收期		
	所得税后	年	5.85
	所得税前	年	5.05
12	中方投资财务内部收益率	%	15.92
13	中方投资财务净现值（$i=8\%$）	万美元	6601.64
14	中方投资回收期	年	7.33

中方投资财务内部收益率：15.92% >8%；

中方投资财务净现值：6601.64 万美元 >0；

中方投资回收期：7.33 年 <10 年。

因此，该项目具有较好的财务生存能力，是可行的。

5.5.4 投资项目动态净现值及柔性价值

该投资项目资源总量为1.08 亿吨，可采矿量7099 万吨，成品矿量4999 万吨，因此，其拥有的资源量是非常可观的，而且资源质量较好。设计开采矿石规模70.8 万吨/年，可持续开采100 年，而首期投资周期20 年。由于本例非常特殊，在20 年的开采计算期内，生产规模越大，则投资效果越好，消耗的原矿也越多，因此，下面仅仅演示投资项目动态净现值及柔性价值、复合期权价值以及柔性价值的计算过程。

如果该矿山根据市场需求和集团生产需要，通过不断调整生产规模进行柔性经营，那么可以计算出动态净现值。提出五个生产规模方案进行计算分析，假定生产规模变化情况见表 5-7。

表 5-7 动态净现值与柔性价值计算

方 案	生产规模/$kt \cdot a^{-1}$				计算指标/万美元	
	第1~5年	第6~10年	第11~15年	第16~20年	NPV^*	DFV
方案1	708	708	708	708	15091	4405
方案2	1000	1500	2000	2000	32553	12114
方案3	1500	1500	2000	2000	44129	17715
方案4	2000	2000	2500	2500	56799	27267
方案5	2500	2500	3000	3000	63448	26552

近年来，铬矿价格大幅度提升，这一方面是由于不锈钢的强劲需求造成铬铁市场紧张；另一方面是由于焦炭价格大幅上涨、美元日渐贬值、运费迅猛增长导致成本的上升。因此，估计铬矿价格期望增长率为0.05，波动率为0.1；投资时冶金级铬矿石价格为130美元/吨，化工级铬矿石价格为135美元/吨，耐火材料级铬矿石价格为190美元/吨，铸造级铬矿石价格为180美元/吨；估计单位产品经营成本期望增长率为0.05，波动率为0.1。根据固定资产投资估算的相关理论与方法，在设计开采矿石规模70.8万吨/年（方案1）的基础上估算得出方案2～5的经营成本与销售收入，见表5-8～表5-11。

表5-8　方案2经营成本与销售收入

序号	指标名称	单位	指标数值			
			第1～5年	第6～10年	第11～15年	第16～20年
1	成本与费用					
1.1	总成本费用	万美元/年	17247.9	25871.9	34495.9	34495.9
1.2	经营成本	万美元/年	15765.9	23648.9	31531.9	31531.9
1.3	每吨铬铁总成本费用	美元	562.7	562.7	562.7	562.7
1.4	每吨铬铁经营成本	美元	514.4	514.4	514.4	514.4
2	销售收入	万美元/年	23251.5	34877.3	46503.0	46503.0

表5-9　方案3经营成本与销售收入

序号	指标名称	单位	指标数值			
			第1～5年	第6～10年	第11～15年	第16～20年
1	成本与费用					
1.1	总成本费用	万美元/年	25871.9	26073.2	35514.7	35514.7
1.2	经营成本	万美元/年	23648.9	23832.9	32463.2	32463.2
1.3	每吨铬铁总成本费用	美元	562.7	567.1	579.4	579.4
1.4	每吨铬铁经营成本	美元	514.4	518.4	529.6	529.6
2	销售收入	万美元/年	34877.3	34877.3	46503.1	46503.1

表 5-10 方案 4 经营成本与销售收入

序号	指标名称	单位	指标数值			
			第 1 ~5 年	第 6 ~10 年	第 11 ~15 年	第 16 ~20 年
1	成本与费用					
1.1	总成本费用	万美元/年	33171.3	33171.3	43392.4	43392.4
1.2	经营成本	万美元/年	30321.1	30321.1	39664.0	39664.0
1.3	每吨铬铁总成本费用	美元	541.1	541.1	566.3	566.3
1.4	每吨铬铁经营成本	美元	494.6	494.6	517.6	517.6
2	销售收入	万美元/年	46503.1	46503.1	58128.8	58128.8

表 5-11 方案 5 经营成本与销售收入

序号	指标名称	单位	指标数值			
			第 1 ~5 年	第 6 ~10 年	第 11 ~15 年	第 16 ~20 年
1	成本与费用					
1.1	总成本费用	万美元/年	39489.6	39489.6	49591.3	49591.3
1.2	经营成本	万美元/年	36096.5	36096.5	45330.3	45330.3
1.3	每吨铬铁总成本费用	美元	515.4	515.4	539.3	539.3
1.4	每吨铬铁经营成本	美元	471.1	471.1	493.0	493.0
2	销售收入	万美元/年	58135.9	58135.9	69763.1	69763.1

再利用式(3-9) ~式(3-12)计算可得 NPV^*、DFV，结果见表 5-7。

由表 5-7 可以看出，生产规模越大，其动态净现值也越大，其中柔性价值较大的为方案 4，因此，建议矿山在今后生产过程中根据市场需求适时调整生产规模以获取更大利润。另外，在传统财务评价指标均能通过的情况下，投资项目动态净现值也均能通过检验，并且柔性价值一般都大于零，因此，该指标更适用于传统财务评价指标不能通过检验的项目评价。在矿山设计时，建议主要控制性工程留有扩大生产规模的余地，以利于今后实行柔性生产并获取更大利润。

5.5.5 复合期权价值以及柔性价值

与投资项目动态净现值计算不同，在复合期权价值以及柔性价值计算中，以改变两次生产规模为例，假定生产规模变化情况见表 5-12，即也提出五个生产规模方案，其中每个方案的经营成本与销售收入估算方法同前，见表 5-13 ~ 表 5-17。有关参数取值同前，暂不考虑股利支付，即 $\delta=0$。利用式(3-14) ~ 式(3-16)可以得到基于盖斯克模型的改变运营规模的期权价值 V_0 以及柔性价值 *OFV*，结果见表 5-12。

表 5-12　复合期权价值以及柔性价值计算

方　案	生产规模/kt · a^{-1}				计算指标/万美元	
	第 1 ~ 5 年	第 6 ~ 10 年	第 11 ~ 15 年	第 16 ~ 20 年	V_0	*OFV*
方案 1	708	1000	1500	1500	31849	10910
方案 2	708	1000	2000	2000	41650	13610
方案 3	708	1500	2000	2000	46363	13821
方案 4	1000	1500	1500	2000	42903	14874
方案 5	1000	2000	2000	2500	48468	17663

表 5-13　方案 1 经营成本与销售收入

序 号	指标名称	单　位	指 标 数 值			
			第 1 ~ 5 年	第 6 ~ 10 年	第 11 ~ 15 年	第 16 ~ 20 年
1	成本与费用					
1.1	总成本费用	万美元/年	13572.2	19169.8	28754.7	28754.7
1.2	经营成本	万美元/年	12451.6	17587.0	26380.4	26380.4
1.3	每吨铬铁总成本费用	美元	625.4	625.4	625.4	625.4
1.4	每吨铬铁经营成本	美元	573.8	573.8	573.8	573.8
2	销售收入	万美元/年	16462.1	23251.5	34877.3	34877.3

表 5-14　方案 2 经营成本与销售收入

序 号	指标名称	单　位	指 标 数 值			
			第 1 ~ 5 年	第 6 ~ 10 年	第 11 ~ 15 年	第 16 ~ 20 年
1	成本与费用					
1.1	总成本费用	万美元/年	13292.3	18774.5	37549.1	37549.1
1.2	经营成本	万美元/年	12194.8	17224.3	34448.7	34448.7
1.3	每吨铬铁总成本费用	美元	612.5	612.6	612.6	612.6
1.4	每吨铬铁经营成本	美元	562.0	562.0	562.0	562.0
2	销售收入	万美元/年	16462.1	23251.5	46503.1	46503.1

表 5-15　方案 3 经营成本与销售收入

序号	指标名称	单位	指标数值			
			第 1～5 年	第 6～10 年	第 11～15 年	第 16～20 年
1	成本与费用					
1.1	总成本费用	万美元/年	13264.4	28102.5	37470.0	37470.0
1.2	经营成本	万美元/年	12169.2	25782.1	34376.2	34376.2
1.3	每吨铬铁总成本费用	美元	611.3	611.3	611.3	611.3
1.4	每吨铬铁经营成本	美元	560.8	560.8	560.8	560.8
2	销售收入	万美元/年	16462.1	34877.3	46503.1	46503.1

表 5-16　方案 4 经营成本与销售收入

序号	指标名称	单位	指标数值			
			第 1～5 年	第 6～10 年	第 11～15 年	第 16～20 年
1	成本与费用					
1.1	总成本费用	万美元/年	18873.4	28310.0	28310.0	37746.7
1.2	经营成本	万美元/年	17315.0	25972.5	25972.5	34630.0
1.3	每吨铬铁总成本费用	美元	615.8	615.8	615.8	615.8
1.4	每吨铬铁经营成本	美元	564.9	564.9	564.9	564.9
2	销售收入	万美元/年	23251.5	34877.3	34877.3	46503.1

表 5-17　方案 5 经营成本与销售收入

序号	指标名称	单位	指标数值			
			第 1～5 年	第 6～10 年	第 11～15 年	第 16～20 年
1	成本与费用					
1.1	总成本费用	万美元/年	18576.9	37153.8	37153.8	46442.3
1.2	经营成本	万美元/年	17043.0	34086.1	34086.1	42607.6
1.3	每吨铬铁总成本费用	美元	606.1	606.1	606.1	606.1
1.4	每吨铬铁经营成本	美元	556.1	556.1	556.1	556.1
2	销售收入	万美元/年	23251.5	46503.1	46503.1	58128.8

由表 5-12 可以看出，当改变两次生产规模时，由于投机机会的存在，复合期权价值 V_0 均大于按照传统 DCF 方法计算的净现值，柔

性价值 *OFV* 也总是大于零，并且方案 5 复合期权价值以及柔性价值更大。根据矿山地质资源储量，完全可以通过扩大生产规模来降低生产成本，增加利润，因此，需要对生产规模进行深入分析与论证。

5.6 项目多目标综合评价与决策

5.6.1 多因素层次模糊综合评价与决策

根据4.2节所构建的多因素层次模糊综合评价模型进行综合评价，具体步骤如下：

（1）将收集到的数据按照表4-1进行整理，以便于专家查看。发给专家的有关数据见表5-18。

表 5-18 ZI 铬业公司下属矿山有关数据

一级指标	二级指标	
指标名称（权重）	指标名称（权重）	数据值
地质资源条件（0.20）	地质储量（0.60）	1.08 亿吨
	矿石品质（0.40）	质量较好，Cr_2O_3 含量达到 40% 左右，铬铁比达到 2～3，有害元素和杂质元素含量很低
开采技术条件（0.15）	矿体赋存特征（0.25）	矿区 I 是主要矿段，埋藏深度 400～500m，一般有 2～3 层矿，每层矿之间距离约 100m；矿体薄且缓，倾角 19°～26°，矿体厚度 0.1～0.2m
	矿石和岩石性质(0.20)	矿岩硬度、稳定性较好
	矿床水文地质条件(0.25)	较好，但需要进一步勘探
	矿床构造（0.20）	向斜构造，矿区的分层超镁铁质和镁铁质层序与周围的围岩之间有一段陡峭的侵入接触；围岩沿着节理和断层侵入。每层岩层在横断面形成向斜层，并沿着纵轴南北向朝中心逐渐附着，镁铁质岩在此富集在超镁铁质层序上方
	矿区地形地貌（0.10）	矿区 I 主要特征是低垄和高原地形；北部矿区的特征是平原；矿区周边无大的地表水系，地表为第四系覆盖，植被稀疏，人烟稀少，无重要的构（建）筑物，允许塌陷

续表 5-18

一级指标	二级指标	
指标名称（权重）	指标名称（权重）	数据值
外部建设条件（0.20）	矿区交通运输条件(0.40)	矿区距首都哈拉雷平均 250km；冶炼厂距离首都直线距离约 180km，交通条件较好
	矿区施工建设条件(0.30)	工业基础较雄厚，较成熟配套
	当地的人文素质条件(0.30)	一般。缺少技术工人；40%的人口信奉原始宗教，58%的人信奉基督教；官方语言是英语
融资资金条件（0.20）	投资总额（0.30）	1.66 亿美元
	母公司速动比率（0.30）	1.5，但不稳定
	母公司银行资信等级（0.20）	AAA
	汇率（0.20）	1 人民币 =53.24 津巴布韦元，但波动性大，可能给本项目带来一定损失
项目经济效益（0.25）	矿山年销售收入(0.15)	1.65 亿美元，不太稳定
	矿山年利税总额（0.25）	0.27 亿美元，不太稳定
	全投资内部收益率(0.30)	15.92%
	动态投资回收期（0.30）	7.83 年

（2）将整理后的数据发给南昌有色冶金设计研究院，请有经验的专家进行评价。其中，指标 I_4 的部分二级指标是根据国内某大型矿业企业拟定的，相应计算出指标 I_5 的二级指标值。

（3）将评价结果按照式（4-2）进行统计，结果见表 5-19。

表 5-19 ZI 铬业有限公司投资评价指标表

一级指标	权重	二级指标	权重	评定级			
				很好	较好	一般	差
I_1	0.20	I_{11}	0.60	0.9	0.1	0	0
		I_{12}	0.40	0.3	0.6	0.1	0

续表 5-19

一级指标	权重	二级指标	权重	评定级			
				很好	较好	一般	差
I_2	0.15	I_{21}	0.25	0	0.2	0.6	0.2
		I_{22}	0.20	0.6	0.4	0	0
		I_{23}	0.25	0.5	0.5	0	0
		I_{24}	0.20	0	0.2	0.6	0.2
		I_{25}	0.10	0	0	0.6	0.4
I_3	0.20	I_{31}	0.40	0	0.4	0.4	0.2
		I_{32}	0.30	0	0.7	0.3	0
		I_{33}	0.30	0.2	0.6	0.2	0
I_4	0.20	I_{41}	0.30	0	0.4	0.6	0
		I_{42}	0.30	0.1	0.6	0.3	0
		I_{43}	0.20	0.5	0.5	0	0
		I_{44}	0.20	0	0	0.4	0.6
I_5	0.25	I_{51}	0.15	0.3	0.5	0.2	0
		I_{52}	0.25	0.3	0.5	0.2	0
		I_{53}	0.30	0.4	0.6	0	0
		I_{54}	0.30	0.5	0.5	0	0

（4）利用式（4-3）进行模糊综合评判。

$$\boldsymbol{B}_1 = \boldsymbol{W}_1 \cdot \boldsymbol{R}_1 = (0.66, 0.3, 0.04, 0)$$

$$\boldsymbol{B}_2 = \boldsymbol{W}_2 \cdot \boldsymbol{R}_2 = (0.245, 0.295, 0.33, 0.13)$$

$$\boldsymbol{B}_3 = \boldsymbol{W}_3 \cdot \boldsymbol{R}_3 = (0.06, 0.55, 0.31, 0.08)$$

$$\boldsymbol{B}_4 = \boldsymbol{W}_4 \cdot \boldsymbol{R}_4 = (0.13, 0.4, 0.35, 0.12)$$

$$\boldsymbol{B}_5 = \boldsymbol{W}_5 \cdot \boldsymbol{R}_5 = (0.39, 0.53, 0.08, 0)$$

$$\boldsymbol{B} = \boldsymbol{W} \cdot \boldsymbol{R} = (0.304, 0.427, 0.209, 0.060)$$

结果是：很好占 30.4%；较好占 42.7%；一般占 20.9%；差占 6.0%。很好与较好占了 73.1%，一般以下占了 26.9%。根据最大隶属度原则，该投资项目适合作为投资对象。

5.6.2 变权综合评价与决策

根据该投资项目实际情况，结合分级规则，确定各评价指标的估算、测量数据，结果见表5-20。

表5-20 投资项目各评价指标的估算、测量数据表

指标	数值	指标	数值	指标	数值	指标	数值	指标	数值
I_{11}	1	I_{21}	0.5	I_{31}	0.8	I_{41}	0.8	I_{51}	0.6
I_{12}	1	I_{22}	0.7	I_{32}	0.7	I_{42}	0.7	I_{52}	0.6
		I_{23}	0.8	I_{33}	0.6	I_{43}	1	I_{53}	1
		I_{24}	0.6			I_{44}	0.4	I_{54}	1
		I_{25}	0.9						

采用变权公式（4-9），依次取α为0.25、0.5、0.75、1、1.5、2、3进行计算，变权重计算结果见表5-21，变权综合评价结果见表5-22。

表5-21 变权重计算结果

指 标	常权重	变权重（α取不同值时）						
		0.25	0.5	0.75	1	1.5	2	3
I_{11}	0.12	0.097	0.105	0.112	0.12	0.135	0.150	0.178
I_{12}	0.08	0.065	0.070	0.075	0.08	0.090	0.100	0.119
I_{21}	0.0375	0.051	0.046	0.042	0.0375	0.030	0.023	0.014
I_{22}	0.03	0.032	0.031	0.031	0.03	0.028	0.026	0.022
I_{23}	0.0375	0.036	0.037	0.037	0.0375	0.038	0.038	0.036
I_{24}	0.03	0.036	0.034	0.032	0.03	0.026	0.023	0.016
I_{25}	0.015	0.013	0.014	0.014	0.015	0.016	0.017	0.018
I_{31}	0.08	0.077	0.078	0.079	0.08	0.081	0.080	0.076
I_{32}	0.06	0.064	0.063	0.061	0.06	0.057	0.053	0.044
I_{33}	0.06	0.071	0.068	0.064	0.06	0.052	0.045	0.032
I_{41}	0.06	0.058	0.059	0.059	0.06	0.060	0.060	0.057
I_{42}	0.06	0.064	0.063	0.061	0.06	0.057	0.053	0.044

续表 5-21

指　标	常权重	变权重（α 取不同值时）						
		0.25	0.5	0.75	1	1.5	2	3
I_{43}	0.04	0.032	0.035	0.037	0.04	0.045	0.050	0.059
I_{44}	0.04	0.064	0.055	0.047	0.04	0.029	0.020	0.010
I_{51}	0.0375	0.045	0.042	0.040	0.0375	0.033	0.028	0.020
I_{52}	0.0625	0.074	0.070	0.067	0.0625	0.055	0.047	0.033
I_{53}	0.075	0.061	0.065	0.070	0.075	0.085	0.094	0.111
I_{54}	0.075	0.061	0.065	0.070	0.075	0.085	0.094	0.111

表 5-22　变权综合评价计算结果

α	$\frac{1}{4}$	$\frac{1}{2}$	$\frac{3}{4}$	1	$\frac{3}{2}$	2	3
V	0.762	0.775	0.787	0.799	0.822	0.842	0.878

由此可知，当 $\alpha=1$，即进行常权综合评价时，$V=0.799$；当 $0<\alpha<1$，即进行惩罚型变权综合评价时，V 也在 0.76 以上；当 $\alpha>1$，即进行激励型变权综合评价时，V 则越来越好。这与多因素层次模糊综合评价结果（很好与较好占了 73.1%）很相近，说明该铬矿及铬铁项目各评价指标均较好，没有极端指标，因此，适合投资。同时，印证了本书所建立的多因素层次模糊综合评价以及变权综合评价的有效性与实用性。值得注意的是，津巴布韦汇率变化较大，对本项目的经济效益影响明显，应特别关注。

5.7　项目结论与建议

5.7.1　项目结论

A 钢铁集团收购津巴布韦某铬矿项目是跨国并购投资项目。通过收购，获得铬矿石资源超过 1.08 亿吨。该铬矿项目资源充足可靠，铬品位较高；采矿场和选矿厂的生产设备和基础设施完整，运行正常。冶炼厂生产工序配套、工艺成熟、设备运行状况良好、技术指标稳定、经营管理高效、生产潜力较大。

项目各项评价指标均较好，表明具有较强的盈利能力和抗风险能力。因此，本项目技术上基本可靠、在经济上完全可行，可以决策投资。尤其在考虑到柔性经营以后，项目潜在经济效益会更好，生存能力将更强。因此，我国矿业企业在签订海外矿业投资合同时，若能一方面充分地考虑到项目的经营与管理柔性，找出增加净现金流量的条件；另一方面关注项目投资的主要风险因素以及可能给本项目造成的影响范围及大小，从而为矿山正式投产运营提供便利条件，或许只有这样，我国矿业企业才能在激烈的海外矿业投资竞争中立于不败之地。

5.7.2 主要建议

（1）该铬矿项目地质资源丰富，但目前生产能力太小，平均生产成本较高，建议对矿山开采规模以及采矿方法等进行充分论证，找出合理生产规模范围。另外，在设计时主要控制性工程应留有扩大生产规模的余地，以后在扩建生产时，只需要投入少量技术改造资金即可达到扩大生产规模的目的。

（2）矿区Ⅰ矿体储量大，品位高，是较好的铬矿资源。该区矿体的特点是极薄（厚度约0.2m）的缓倾斜矿体，给提高生产能力带来一定的难度，并使得开采成本过高。应尽快进行新的采矿方法和机械化开采研究，提高劳动生产率，改善劳动条件，降低采矿成本；另外，部分露天开采的剥采比过大，成本过高，应考虑采用其他的开采方式。

（3）由于津巴布韦国家政策限制，投资公司无权出口铬矿产品，必须炼成铬铁才能出口，而冶炼厂为降低造球或压块的费用，尽量要块矿。因此，该公司矿山大多只生产块矿，粉矿几乎全部丢弃，造成大量的高质量粉矿资源浪费。建议并购后，争取铬矿产品出口权，对矿山产出的粉矿进行选矿，可以产出化工级、耐火级等高价值细粒铬精矿以供出口，矿山经济效益会更好。

（4）针对冶炼厂生产现状，建议可以考虑电炉半封闭式改造，实现电炉炉气净化和余热回收利用目标，煤气被净化后用于干燥压块厂烘干生产线。另外，电炉的大型化也是一个方向。

6 典型国内矿业投资实例应用

通过第 5 章，可以得出在传统财务评价指标均能通过的情况下，投资项目动态净现值也均能通过检验，并且柔性价值一般都大于零，项目是可行的。如果在传统财务评价指标不能通过的情况下，投资项目动态净现值、复合期权价值及其柔性价值分别是多少呢？投资项目是否可行呢？本章将以国内某钼矿为例进行系统分析与应用，阐释本书理论与方法更为深刻的应用价值与前景。由于是国内项目以及限于篇幅，本章侧重于介绍钼金属市场分析（伴生金属可进行类似分析，将不再赘述）、所投资项目的传统财务评价以及投资项目动态净现值、复合期权价值及其柔性价值计算，并进行综合比较分析；而对于投资项目决策基本要素、投资环境以及主要风险因素、多目标综合评价等由于第 5 章已经详细介绍，本章将适当省略或简单归纳于后。

6.1 钼金属市场分析

6.1.1 世界钼资源

金属钼早于 1782 年被发现，得到广泛应用是在 1900 年，特别是第一次世界大战之后。据统计，钼约 83% ~85% 是作为添加剂用于炼钢工业，在结构钢、高强度低合金钢、不锈钢、耐热合金钢及工具钢中是重要的合金元素之一。钼对钢质量的影响表现在改良钢的结构，提高力学性能和可焊性、抗腐蚀性。钼及其合金不仅在军事工业和空间技术上，而且在能源开发、石油化工、机械制造、铁路、轻工电子等工业部门都是不可缺少的原材料。随着科学技术的发展，钼的需求也将不断增长。

世界钼矿资源大多集中在美洲、中国、独联体国家和东欧。世界主要产钼国钼储量见表 6-1。

表 6-1 世界主要产钼国钼储量

国　家	矿石量/Mt	平均品位/%	钼金属量/kt	可回收金属量/kt
美　国	11306	0.049	5560	4360
加拿大	4282	0.0485	2080	1510
智　利	10905	0.0245	2680	1390
秘　鲁	3695	0.0214	790	380
苏　联	2425	0.0264	640	350
墨西哥	2235	0.0134	300	170

我国钼资源丰富，据美国地质调查局统计资料，2005 年中国钼的基础储量为 830 万吨金属。钼矿是我国的优势矿产，主要分布在河南、吉林、陕西、山东以及河北等省。

6.1.2 世界钼生产

6.1.2.1 钼矿

根据有关报道及统计，目前世界主要有八大生产钼矿，我国占有四个，见表 6-2。

表 6-2 世界八大钼矿（金属量）

序　号	矿　山	国　家	地　区	储量/kt	品位/%
1	克莱麦克斯	美　国	科罗拉多	626	0.210
2	亨德森	美　国	科罗拉多	454	0.215
3	石英山	美　国	阿拉斯加	959	0.082
4	麦　卡	南斯拉夫		100	0.162
5	东　沟	中　国	河南省	716	0.129
6	滦　川	中　国	河南省	207	0.120
7	人黑山	中　国	吉林省	113	0.067
8	金堆城	中　国	陕西省	97	0.100

国内外主要钼矿生产规模见表 6-3。

表 6-3　国内外主要钼矿生产规模（矿量）　(t/d)

国家	矿山名称	生产规模	国家	矿山名称	生产规模
美国	克莱麦克斯	48000	中国	东沟	25000
	亨德森	27000		金堆城	24000
	米中	27000		滦川	10000
	奎斯塔	18000		小寺沟	10000
加拿大	洛内克斯	48000		大黑山	2000
	恩达科	27000		洛阳	1000
	埃尔萨尔瓦多	23600		闲林埠	1000
	汤姆逊	23000		新华	1000

从资源量和生产能力上看，美国、中国和智利是世界上三大钼供应国，加拿大和秘鲁处于第二集团，见表 6-4。我国已经开发的大小钼矿有 160 多个，年产矿石量为 2300 多万吨。

表 6-4　世界主要资源国家钼资源量和生产能力（金属量）　(kt)

国家	资源量	产能	国家	资源量	产能
美国	1745	42.2	亚美尼亚	102	3.5
智利	2300	36.8	墨西哥	89	2.3
中国	4340	24.3	伊朗	360	1.6
加拿大	207	9.0	蒙古	168	1.4
秘鲁	592	8.3	俄罗斯	170	1.0

6.1.2.2　钼生产量

近年来，世界钼的生产格局没有发生大的变化，2000～2008 年世界钼生产量见图 6-1 所示。

从国别来看，美国、智利和中国仍然是世界上产钼最多的国家，约占世界钼总产量的 75%。从 2007 年起，中国是世界第一大钼供给国，2008 年钼产量达 8.127 万吨，创历史新高，若不是 2008 年 10 月末受国际金融危机影响，钼价大幅下滑，2008 年中国钼产量估计可达 9 万吨。

受全球金融危机影响，2008 年末钼的需求骤减，钼价大幅下滑，

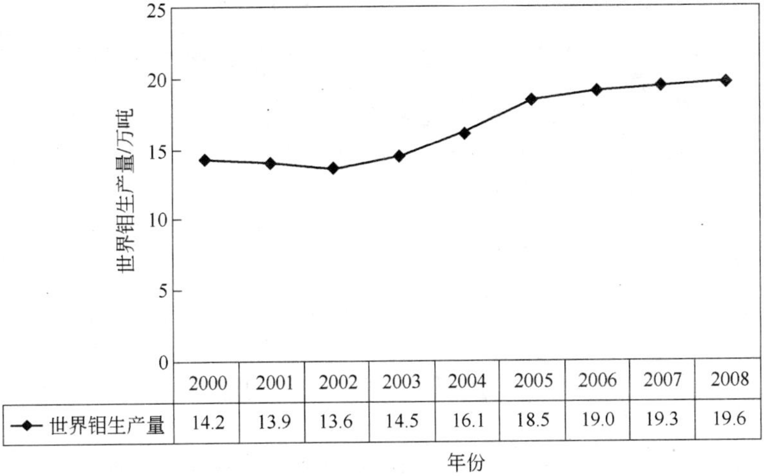

图 6-1　2000 ~ 2008 年世界钼生产量

2009 年世界各国大型钼矿山均下调其生产计划。中国 2009 年 1 ~ 4 月，仅生产钼 2.3 万吨；美国亨德森钼矿、肯尼科特铜公司所属的钼矿山计划减产 20% ~ 80%。2009 年，中国全年共生产钼精矿 21.56 万吨，较 2008 年增长了 17.5%，这是不太正常的。

6.1.3　世界钼消费

在世界范围内钼的产销基本处于动态平衡状态，钼的消费增长决定钼的生产。1991 年世界钼消费量 7.94 万吨，2007 年 19.95 万吨，2008 年为 19.8 万吨，年均增长率 5.52%。2000 ~ 2008 年世界钼消费详细情况如图 6-2 所示。国际注册资产管理师（CPM）组织曾预测 2010 年全球钼需求将增长 12.5%。

从国别来看，西欧国家、中国、美国和日本等消费钼最多。其中西欧国家 2008 年较 2007 年钼消费增长 2.77%，约 6.49 万吨，美国钼消费增长 2.27%，约 3.99 万吨，日本增长 1.54%，约 2.95 万吨，其他国家钼消费增长 5.31%。中国消费钼约 4 万吨，主要消费在不锈钢和特钢等生产领域，新的高速铁路网建设也消费大量的钼，如京沪高铁、京港高铁等。

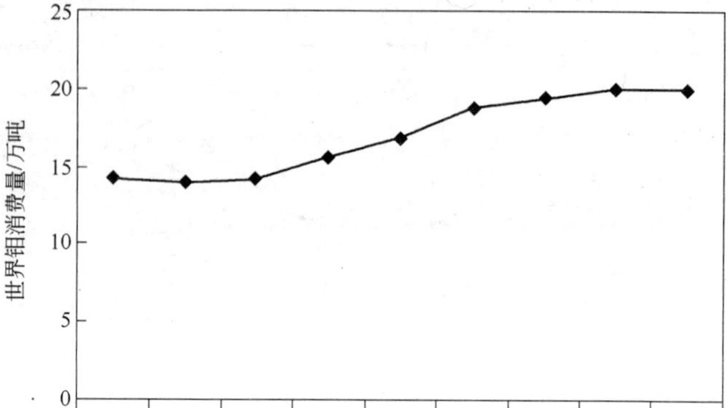

	2000	2001	2002	2003	2004	2005	2006	2007	2008
世界钼消费量	14.2	14.0	14.2	15.6	16.8	18.7	19.3	19.9	19.8

年份

图 6-2　2000 ~ 2008 年世界钼消费情况

6.1.4　钼价分析

6.1.4.1　市场钼价变化

纵观国际市场钼价，其波动幅度很大。2000 ~ 2008 年国际市场钼价格走势如图 6-3 所示。由此可知，2005 年，国际市场钼的平均价

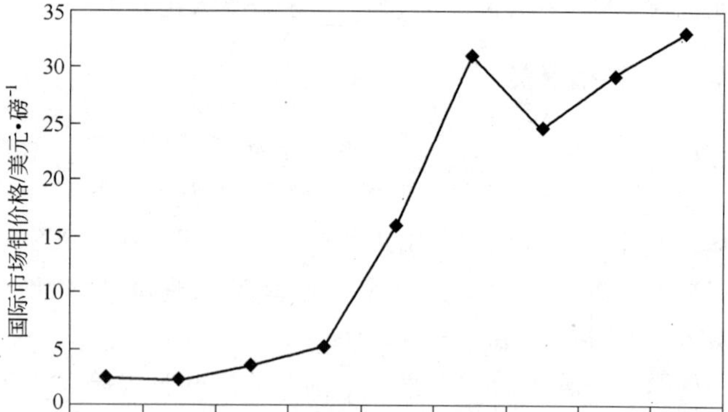

	2000	2001	2002	2003	2004	2005	2006	2007	2008
国际市场钼价格	2.50	2.31	3.59	5.13	15.92	31.05	24.38	29.21	33.01

年份

图 6-3　2000 ~ 2008 年国际市场钼价格

（注：2008 年数据为本年度前 9 个月价格的平均值）

格为31.05美元/磅（折合人民币约56.61万元/吨），几乎是前十年平均价格5.06美元/磅的6倍；2006年的平均价格为24.38美元/磅（折合人民币约43.1万元/吨），下降了21%；2007年平均价格为30美元/磅，2008年前9个月的平均价格为33.01美元/磅，而2008年10月27日钼价格急速下跌，2009年1月24日为9.5美元/磅（折合人民币约14.66万元/吨）。可见，近十年来，钼价格一直在波动与不断调整中增长。

2010年钼金属价格也在不断调整，第三季度钼价格见表6-5。

表6-5 2010年第三季度国内钼价格情况

机 构	规 格	低 价	高 价	均 价	涨 跌	单 位
上海现货	≥99.95%	290	310	300	平	元/kg
上海金属网	98%	205	230	220	平	元/kg

资料来源：中国金属新闻网 www.metalnews.cn.

6.1.4.2 影响钼市场的主要因素分析

（1）不锈钢市场需求状况。我国钼主要用于生产不锈钢，不锈钢耗钼占钼消费量的70%~80%。自2001年以来，中国一直是全球不锈钢需求第一大国，我国不锈钢的表观消费量呈上升发展趋势，由1992年的54万吨增长到2007年的655万吨，增长了11.13倍，其中1992~2000年年均增长了15.67%，2001~2007年年均增长了19.49%。

虽然近年来我国不锈钢产量发展速度较快，已经成为世界第四大不锈钢生产国，但是由于国内对不锈钢需求旺盛，国内生产依然不能满足需求，不锈钢进口量占我国表观消费量的70%以上。

（2）铜矿副产钼增长状况。国际锻造铜委员会预估，2010年全球铜需求将增加2.3%达到1800万吨，2011年将增加4.1%达到1880万吨，中国以外的主要消费地区的铜需求正在改善，尤其目前铜金属价格较好，预计将有很多大型铜矿山将恢复已经关闭的铜矿生产能力，铜矿副产钼将有所增长。

（3）我国钼产品出口退税。我国自2010年7月15日起取消钼系列出口退税，必然大幅度增加出口成本。

（4）反倾销。欧盟对我国钼制品出口实施反倾销，构成制约因素。

总之，影响钼市的正负因素都有，但不锈钢是主要因素。国内外不锈钢的需求呈大幅度增长趋势，将给钼的消费带来较好的前景。

6.1.4.3　钼价

CPM 在最近一次的预测中指出（见《世界有色金属》2010 年第 4 期），钢铁行业需求增长和消费用户重新建立库存将推动全球钼需求增长，并进一步刺激价格上涨。预计 2010 年钼均价达到 17.5 美元/磅（折合人民币 26.19 万元/吨），较 2009 年 11.12 美元/磅的均价上涨 57.4%。2010 年 2 月中旬，欧洲不锈钢厂季节性重建库存和其他钢厂采购钼原料共同推高钼价至 17 美元/磅（折合人民币 25.59 万元/吨）。2011 年 3 月，1 号钼（≥99.95%）参考价格为 30 ~32 万元/吨（根据上海有色网）。因此，考虑到钼价格的市场波动性，本次将以 27 万元/吨的国际市场钼价进行评价。

6.2　投资项目概况

2006 年 4 月，由江西某地质调查大队、厦门某股份有限公司、江西某贸易有限公司三方共同投资设立矿业开发有限公司，公司注册资本 1000 万元，地质调查大队出资 450 万元，占公司注册资本的 45%，厦门某股份有限公司出资 450 万元，占公司注册资本的 45%，江西某贸易有限公司出资 100 万元，占公司注册资本的 10%。2008 年 1 月，江西某矿业有限公司（“投资公司”）拟以不高于 3000 万元的价款收购地质调查大队持有的 45% 的股份，因此，收购之前需要对该项目进行重新评估，以决策是否可以投资。评价基准日为 2010 年 6 月 30 日。

6.2.1　投资项目自然环境

6.2.1.1　交通地理位置

该矿区位于江西省某县城 32°方向 8km 处，地理坐标：东经 115°40′00″~115°42′45″，北纬 25°00′15″~25°02′15″，面积 17.07 平方公里。矿区有简易公路通往县城，县城 206 国道北通安远至赣州；南至广东平远、梅州、汕头；东达福建武平，交通较为方便。因此，矿山建设生产所需要的原料、燃料及建材可就近从寻乌、赣州、梅州、龙岩等地购进，其来源供应方便且有保证。

6.2.1.2 矿区自然地理及水文气象资料

矿区属中低山丘陵地带，相对高差约500m，区内地形起伏较大，切割陡峻，地表植被茂盛，覆盖严重。本区属亚热带东南季风气候区，气候温暖潮湿，年平均气温18.9℃，最低 -3.5℃，最高36.5℃，年平均降雨量1649mm，最大年降雨量2487mm，最小年降雨量1028.5mm，主要降雨季节为4~6月份，占年降雨量44%。夏季凉爽，冬季有短时冰冻期。矿区地表水系较为发育，地表水均为小溪流，少数溪沟终年流水，水质水量可满足未来矿山生产及生活用水。

矿区内人烟稀少，劳动力缺乏。经济以农业为主，主要经济作物为果业，兼营部分林业、种植业和个体采矿业，工矿业不发达。矿区紧临县城，民风淳朴，社会治安状况良好，招商引资政策也较优惠。矿区380V输电线路通至矿区南部，目前已接10kV专线至矿区。

6.2.2 矿区地质资源条件

该矿区处于武夷山成矿带的锡铜成矿远景区与岩背锡矿、淘锡坝锡矿、紫金山铜金矿构成的三角地带内，是历次成矿预测的主要锡铜矿靶区，成矿地质条件优越。

6.2.2.1 完成勘查工作量

矿区累计投入主要工作量为：槽探20122m^3、钻探7308m、硐探3095m、各类样品11671件。其中2005年3月至2007年11月投入主要工作量为：槽探4924.58m^3、钻探2836.4m、硐探2878.8m、各类样品2642件。

6.2.2.2 矿体控制情况

该矿区已知矿化为钼、铜、锡多金属矿化，其中钼矿化产出于北部，表现为构造裂隙型，深部可能存在斑岩型；铜、锡矿化产出于矿区南部的东西两侧，主要表现为构造破碎带型。

A 钼矿体

矿区已圈出钼矿主矿体7条，次要矿体64条，硐探、钻探控制矿体厚度1.00~19.90m，平均3.66m，钼品位0.06%~0.544%，平均0.130%。主要钼矿体Mo1、Mo1-1、Mo2、Mo3、Mo4、Mo盲3、Mo盲5呈近东西向平行产出，赋存标高一般360~640m，矿体走向长300~650m，延深180~300m，平均厚度2.95~4.35m，矿体沿走向形态呈脉状，沿走向或倾斜方向具膨大、缩小变化特征，见表6-6。

表6-6 矿区主要钼矿体特征表

矿体编号	产状/(°)		规模/m			形态	Mo品位/%			质量点数
	倾向	倾角	延长	延深	厚度		最高	最低	平均	
Mo1	175~165	48~55	630	240	4.35	脉状	1.040	0.060	0.127	16
Mo1-1	178~165	50~55	600	300	3.87	脉状	0.270	0.060	0.124	12
Mo2	180~162	45~58	610	300	3.67	脉状	2.85	0.060	0.195	18
Mo3	180~160	48~55	500	260	2.95	脉状	0.132	0.066	0.124	14
Mo4	170	55~65	300	180	4.14	脉状	0.132	0.065	0.078	6
Mo盲3	170	50	280	150	2.97	脉状	0.132	0.069	0.350	5
Mo盲5	170	50	280	100	2.97	脉状	0.196	0.071	0.091	5

钼矿石自然类型有原生硫化物矿石及少量氧化矿石，工业类型有微细脉浸染状矿石、脉状矿石。钼矿石结构主要为片状、鳞片状结构；矿石构造为块状构造、稠密和稀疏浸染状、浸染至细脉状、脉状、浸染团粒状等构造。钼矿体中的金属矿物主要为辉钼矿，局部见少量黄铁矿、黄铜矿、锡石，非金属矿物主要为石英、长石、萤石、云母、黄玉、绿泥石等，辉钼矿为工业矿物，萤石为伴生有用矿物；与钼矿化有关的蚀变主要为硅化、萤石化。

B 铜矿体

已知以铜为主的矿（化）体7条，有近南北向、北东向两组，近南北向矿（化）体常伴锡矿化，北东向矿（化）体常伴钨矿化。Cu1、Cu2、Cu3矿带长100~480m，宽0.29~2.92m，Cu平均品位0.546%~1.042%，Cu4、Cu5、Cu6、Cu7长100~150m，宽0.9~4.54m，平均品位0.436%~1.173%，见表6-7。

表 6-7 矿区主要铜矿体特征表

矿体编号	产状/(°)		规模/m			形态	Cu 品位/%			质量点数
	倾向	倾角	延长	延深	厚度		最高	最低	平均	
Cu1	110 ~ 115	55	100	80	0.76	脉状			1.04	1
Cu2	130	54	480	80	0.76	脉状	0.577	3.0	1.042	5
Cu3	110	67	180	80	0.72	脉状	0.443	0.584	0.546	2
Cu4	271	64	100	40	1.8	脉状			0.436	1
Cu5	268	75	100	80	4.54	脉状			0.803	1
Cu6	264	81	150	80	3.95	脉状			1.173	1
Cu7	252	54	100	60	0.9	脉状			0.719	1

铜矿石工业类型有：不规则状团块状矿石，微细脉浸染状矿石。不规则状、团块状矿石表现为黄铜矿、斑铜矿、黄铁矿等沿断破碎带中的裂隙或孔隙充填，形成不规则状、团块状矿石，矿化不均匀，连续性差，一般为贫矿石，局部为富矿石。微细脉浸染状矿石见于花岗斑岩体中含矿破碎带的上下盘附近，矿石由黄铜矿、斑铜矿、黄铁矿等组成。黄铜矿、斑铜矿呈细—微粒集合体，充填在微细裂隙或散布于矿物裂隙中及矿物颗粒间。矿化不均匀，连续性差，一般为贫矿石，局部为富矿石。

C 锡矿体

已知锡矿（化）体 5 条，主要产于斑岩体顶部的硅化—绿泥石化蚀变带内，呈北北东—北北西向展布。该类矿（化）体常伴铜矿化。

单条矿（化）体呈脉状、透镜状，走向北北西者倾向南西、倾角陡；走向北北东者倾向北西西、倾角较缓。矿体长 100 ~ 200m、宽 1.31 ~ 4.44m，Sn 平均品位 0.222% ~ 1.805%，见表 6-8。

表 6-8 矿区主要锡矿体特征表

矿体编号	产状/(°)		规模/m			形态	Sn 品位/%			质量点数
	倾向	倾角	延长	延深	厚度		最高	最低	平均	
Sn1	315	85	100	40	4.44	脉状			1.805	1
Sn2	271	64	200	40	1.31	脉状	0.20	0.262	0.241	2

续表 6-8

矿体编号	产状/(°)		规模/m			形态	Sn 品位/%			质量点数
	倾向	倾角	延长	延深	厚度		最高	最低	平均	
Sn3	265	60	200	40	1.68	脉状	0.236	0.393	0.354	2
Sn4	250	80	120	40	1.93	脉状	0.304	0.480	0.360	2
Sn5	250～260	80	180	70	1.89	脉状	0.212	0.252	0.222	3

锡矿石的工业类型为不规则状团块状矿石，表现为锡石沿断破碎带中的裂隙或孔隙充填，形成不规则状、团块状矿石，矿化不均匀，连续性差，一般为贫矿石，局部为富矿石。

6.2.2.3　资源储量情况

A　历年资源储量统计

该矿区历年不同程度的地质工作提交了不同类别的资源储量。

赣南地调队 2007 年 6 月提交的普查地质报告中 332 + 333 + 334_1 类钼矿石量 6639716.59t，钼金属量 9971.76t，其中 332 + 333 类钼矿石量 907255.62t，钼金属量 1271.27t。报告并经江西省国土资源厅认定。

2008 年 3 月编制了矿区钼矿详查地质报告，申报详查区范围查明钼矿 122b + 333 + 334_1 类矿石量 6939421.67t，钼金属量 8441.94t，铜矿 334_1 类矿石量 453318.3t，铜金属量 4244.52t，锡矿 334 类矿石量 315846.96t，锡金属量 2046.77t；评审了 332 + 333 矿石量 1370kt，钼金属量 1625t，并经江西省国土资源厅认定。

B　最新资源储量动态变化

2008 年 3 月后，矿区进行第三期勘查，勘查重点是钼矿体。截至 2008 年 11 月，已完工三个钻孔（ZK601、ZK1001、ZK1401），见矿良好，控制钼矿体往东延长数百米，资源量有所增加，锡矿体、铜矿体资源量变化不大。对 7 条主要钼矿体估算资源量，共获得 332 + 333 类钼矿石量 1948485.58t；钼金属量 2205.13t，见表 6-9。

表 6-9 矿区 7 条主要钼矿体最新资源量估算表

矿体号	矿块号	资源类别	矿块体积 /m³	体重 /t·m⁻³	矿块矿体平均		钼资源量	
					厚度 /m	钼品位 /%	矿石量 /t	金属量 /t
Mo1	332-Mo1-1	332	4434.8	2.73	6.98	0.109	12107.04	13.20
	332-Mo1-2		1176.1	2.73	2.17	0.135	3210.86	4.33
	333-Mo1-1	333	138681.9	2.73	3.48	0.096	378601.68	363.46
Mo2	332-Mo2-1	332	93306.1	2.73	8.58	0.128	254725.73	326.05
	333-Mo2-1	333	49854.3	2.73	3.52	0.164	136102.30	223.21
	333-Mo2-2		214811.4	2.73	7.91	0.117	586435.33	686.13
Mo3	333-Mo3-1	333	84569.6	2.73	2.66	0.121	230875.21	279.36
	334_1-Mo3-1	334_1	5977.5	2.73	1.23	0.076	16318.72	12.40
Mo4	333-Mo4-1	333	53663.6	2.73	3.85	0.075	146501.87	109.88
Mo1-1	332-Mo1 支 1-1	332	6222.8	2.73	3.72	0.149	16988.29	25.31
	333-Mo1 支 1-1	333	162316.6	2.73	3.68	0.110	443124.52	487.44
Mo 盲 3	333-Mo 盲 3-1	333	47130.7	2.73	2.20	0.097	128666.84	124.81
Mo 盲 5	333-Mo 盲 5-1	333	19879.2	2.73	1.91	0.091	54270.43	49.39
合计	332 +333					0.1282	1948485.6	2205.1

矿区求取的资源储量槽、坑、钻结合，网度合适，质量点可靠，选用的工业指标符合规范要求。矿块的圈定及资源储量类别的确定，符合有关资源储量估算的圈定原则。

2008 年底，通过矿山开拓、探矿工作的展开，矿山地质组对钼矿体资源量进行了大致估算，仅 510 ~570 中段 1 ~10 线矿石量（332 +333）250 万吨，钼金属量 2555 吨，钼平均品位 0.102%；钼矿体资源量增加了 50%多，可满足矿山日处理 800 吨规模生产 10 年。

截至目前的勘查表明，主要钼矿体往东尚有较大的延伸空间，矿体的规模及资源储量相应也有较大的提升潜力。

矿区岩体高侵位、浅剥蚀，在花岗斑岩体顶部及接触带部位，已控制主要钼矿体 7 条、次要钼矿体 64 条、铜矿体 7 条、锡矿体 5 条，矿化由浅往深部趋强。矿区具有斑岩体接触带浸染型、顶部斑岩型、隐爆角砾岩型、蚀变破碎带型“四位一体”铜锡钼钨矿的找矿潜力。预测认为，通过进一步勘查找矿，可以将矿床规模提升到中型以上。

6.2.2.4　矿床开采条件

本矿床水文地质条件为简单类型，工程地质条件为简单—中等类型，环境地质条件为简单类型。矿床开采技术条件勘查类型为中等。

矿体属陡—中等倾斜脉状矿体和脉带状矿体，矿体形态相对简单，主要钼矿体在300m标高以上，适宜地下开采，近地表部分也可露天开采。开采的地形条件较为有利。

矿床矿石类型主要为自然硫化物矿石，一般为贫矿石，局部见富矿石。含钼矿物主要为辉钼矿，含铜矿物主要为黄铜矿、斑铜矿，含锡矿物主要为锡石。根据其矿物组合和结构特点，与同类型矿石对比，本矿区的矿石属易选矿石。

6.2.3　项目建设、生产情况

6.2.3.1　矿山建设投资及探矿权评估

截至2007年12月10日，公司投入矿山建设资金3000万元，其中预付款2145万元、建筑材料款396万元、土地征用费291万元、地质勘察费98万元、管理费188万元；2007年12月，该探矿权由专业资产评估公司评估，探矿权价款为1358.77万元，矿山建设投入和探矿权总价款4358.77万元，45%的权益为1961.45万元。

按2008年8月矿山建成计算，矿山投入建设资金为7143万元，则矿山投入和探矿权总价款8502万元，45%的权益为3826万元。

6.2.3.2　矿山生产情况

矿山自2006年12月开始动工建设，设计规模为日处理原矿600~800吨，截至2008年8月，累计投入基建资金7143万元，于2008年9月投料试生产，试生产期间，原矿入选品位0.067%，平均回收率88.4%，钼精矿品位达52%。生产技术指标基本达到设计要求（设计回收率90%，钼精矿品位45%），钼精矿指标达到国家特级品标准（钼精矿品位不小于51%）。

矿山开采为井下坑采，主要有510m、540m、570m、610m中段作业，共有采矿点21处，根据矿山矿体特征，主要采用无底柱进路式浅孔留矿法进行采矿，布置了采场12个，可以满足现在矿山生产矿量。但在近地表处610m中段采矿，因受风化和地表水影响，岩石松散，存在安全隐患，需采取预防措施。

2009年，选厂处理原矿14.16万吨，日处理矿量自6月后基本达产至800吨，原矿品位0.086%，回收率88.83%，生产钼金属108.67吨。

据2009年1~4月统计，探矿费、资源补偿费、印花税、增值税及附加、信贷资金按3000万计息等一次性计提后，矿山钼金属盈亏销售价约20万元/吨金属，不含计提费用为15万元/吨金属。

2010年1~6月，共处理矿量82089.83吨，原矿品位0.061%，回收率87.4%，生产钼金属43.77吨。

6.2.4 投资项目财务状况

6.2.4.1 资产负债状况

资产7033.48万元，其中流动资产2240.45万元；负债7014.98万元，其中流动负债6871.91万元；所有者权益18.50万元。从账面上来看，项目投产后，未达到预定设计要求，出现了亏损，损害了股东利益，如果出现资不抵债，虽然不一定导致企业破产清算，但也会给投资者的投资信心造成打击，因此，如何改善公司财务状况是必须要解决的迫切问题。

6.2.4.2 资金收支情况

2010年上半年资金收入1242.02万元，资金支出1235.49万元，收支基本平衡。在资金支出中，材料款、井巷工程款、基建工程款、探矿费等生产性支出占总支出83%以上，比较合理。

6.2.4.3 生产经营主要技术经济指标

A 生产产量

2010年上半年累计采出并处理原矿82089.830吨，比上年同期累计处理矿石量的47113.400吨增加34976.430吨，平均生产规模为497.5吨/天，品位0.061%，比上年同期累计平均品位0.105%下降了0.044%，采矿回收率87.27%，生产钼金属量43.77484吨，比上年同期累计的45.22062吨减少1.44578吨。

由此，矿山原矿生产规模不高，有进一步提高生产规模的余地；原矿平均品位下降很多，说明贫化率较高，值得引起重视。

B 采矿生产成本

2010 年上半年累计平均实际采矿成本为 54.28 元，比上年同期累计的 46.14 元增加 8.14 元。主要原因有：（1）掘进工程增加，增加采矿单位成本 2.32 元；（2）零星工程增加，增加采矿单位成本 1.81 元；（3）因扩帮，增加采矿单位成本 1.24 元；（4）因天井增加，增加采矿单位成本 1.68 元。

这样的采矿成本比类似钼矿山的 38.56 元/吨要高得多，但比当时设计采矿平均成本 69.1 元/吨要低一些。矿山采矿采用合同外包模式，但在《采掘工程承包合同书》中并没有关于工程质量奖惩的实质性重要条款，如没有关于采矿损失率、贫化率标准以及超标惩罚的相应条款。

目前贫化率较高是造成矿石品位下降、单位矿石生产成本尤其是钼金属单位成本大幅度上升的重要原因之一。

C 选矿生产成本

2010 年上半年累计选矿平均单位成本为 57.21 元，比上年同期累计的 78.29 元减少 21.08 元，主要是产量增加，折旧费下降 13.09 元，材料消耗减少 4.62 元，工资减少 2.21 元，电耗减少 0.72 元。

该选矿平均成本比类似钼矿山的 34.28 元/吨要高得多，而且比当时设计选矿平均成本 55.7 元/吨也要高 1.51 元/吨。因此，选矿平均成本还有进一步降低的空间，需要开展专题研究。

D 钼金属生产成本

2010 年上半年钼金属量累计平均成本为 233429.27 元/吨（不含计提、摊销费用），比上年同期累计的 135858.17 元/吨增加 97571.10 元/吨。考虑计提、摊销费用后，2010 年上半年钼金属量累计平均成本为 305386.13 元/吨，比上年同期累计的 193235.88 元/吨增加 112150.25 元/吨。

钼金属量累计平均成本上升如此之多，尤其值得关注，如果按照上年同期累计的 193235.88 元/吨的平均成本，那么矿山是有一定的利润空间的（2010 年上半年其销售价格为 21.33 万元/吨），尤其是国际经济一旦复苏，将更加具有竞争力。建议矿山尽快开展该方面的专题研究工作，切实将降低矿山成本作为一项重中之重的工作来抓。

E 产品销售收入

账面反映2010年上半年累计实现销售收入27.83万元，比上年同期累计实现产品销售收入的268.16万元，减少240.33万元。主要原因是已经结算的销售产品1164.33万元（钼金属量64.06050吨）因缓缴税金未做销售收入。

F 库存情况

2010年6月止，库存钼金属量33吨。若在流动资金比较充裕的情况下，建议可以适当增加库存，适当观望一段时间，因为目前矿山钼金属量累计平均成本超过了其所售价格，有亏损，销售越多，亏损也越多；但如果不销售或少销售，资金就不能及时回笼，所以必须进行权衡。

G 费用发生情况

（1）管理费用。2010年上半年累计发生管理费用187.13万元，比上年同期累计的134.12万元，增加53.01万元。增加的主要原因有：工资增加14.20万元；养老（医保）保险增加13.98万元；评审费增加13.35万元；矿产资源补偿费增加6.50万元；招待费增加3.92万元。

（2）销售费用。2010年上半年累计发生销售费用1.13万元，比上年同期累计的3.65万元，减少2.52万元。主要原因是销售人员减少。

（3）财务费用。2010年上半年累计发生财务费用75.08万元，比上年同期累计的48.20万元，增加26.88万元。主要原因是股东单位借款增加640万元，建议股东单位增加资金注入，减少借款，以减少财务费用。

H 利润情况

2010年上半年累计实现利润－297.35万元，潜亏256.52万元，合计实现利润－553.87万元，比上年同期实现利润－456.55万元，增加亏损97.32万元。主要原因是生产成本增加较多，即使市场价格有所回暖，也比同期增加了亏损。

6.3 项目规模与主要工艺方案

6.3.1 地质资源评价

（1）地质储量较为丰富，远景储量较大。

2008 年 3 月申报矿区详查区范围查明钼矿 122b + 333 + 334_1 类矿石量 6939421.67 吨，钼金属量 8441.94 吨；2008 年底，通过矿山开拓、探矿工作的展开，矿山地质组对钼矿体资源量进行了大致估算，仅 510-570 中段 1-10 线矿石量（332 + 333）250 万吨，钼金属量 2555 吨，钼平均品位 0.102%；钼矿体资源量增加了 50% 以上。

因此，矿山具备了进一步扩大生产规模的资源基础。根据采矿手册矿山生产规模 Q_a 与矿床的工业储量 Q_{jg} 之间存在如下关系：

$$Q_a = 1.25Q_{jg}^{0.8} \tag{6-1}$$

考虑到设计依据的资源量，本次 332 + 333 矿石量按 100%，334_1 类预测资源量暂不考虑，得到设计储量 250 万吨，可得 Q_a = 16.4 万吨/年或 500 吨/天。考虑 20% 的波动范围，因此，矿山合理生产规模为 400 ~ 600 吨/天，由于矿山预测资源量较大，推荐按照 800 吨/天进行设计，此时矿山服务年限在 10 年左右。

建议对远景储量 334_1 进行生产探矿。矿区内矿种多，除钼外还有铜、锡、钨等矿种，找矿前景好，应进一步加强地勘找矿工作，扩大生产规模，延长矿山服务年限，进一步提高矿山经济效益。

（2）原矿品位低，品位变化大。

在表 6-9 中列出各个主要矿体矿块的钼平均品位，其中矿块 333-Mo2-1 品位最高，为 0.164%；矿块 333-Mo4-1 最低，为 0.075%；7 条主要钼矿体平均钼品位 0.1282%。

但 2010 年上半年采出原矿累计平均品位仅 0.061%，比上年同期累计平均品位 0.105% 下降了 0.044%，说明矿石贫化率比较高。在矿山经济效益不好的情况下，建议先采富矿（如 Mo2、Mo1-1 等），待钼金属价格较高时，再采贫矿，以实现股东利益最大化。

6.3.2　项目规模与产品方案

6.3.2.1　矿山生产规模和服务年限

推荐矿山首期主采矿种为钼矿，钼矿山生产规模 800 吨/天，矿山工作制度 330 天/年，年生产规模为 26.4 万吨/年。目前矿山采选生产规模已经可以达到 800 吨/天，2010 年由于各种原因，导致开工不足，实际生产天数达不到设计天数，因此，一直未达产。

取回采率 85%，贫化率 15%，矿山服务年限 = 矿石量 × 回采率/年生产规模 ×（1 − 贫化率）≈9.46 年，此时矿山服务年限比较短。

6.3.2.2　产品方案

钼精矿，品位 45%。

6.3.3　主要工艺方案

6.3.3.1　采矿方案

由于矿床为中—陡倾斜脉型钼矿床，围岩基本稳固，建议矿山采用平硐 + 盲斜井开拓，空场采矿法 + 浅孔留矿法开采矿体。

6.3.3.2　选矿方案

经江西理工大学选矿实验研究组钼矿流程试验，推荐本矿采用一粗二扫三精流程，可以从含钼 0.120% 的原矿中获得产率为 0.23%，含钼品位 47.58%，回收率为 91.19% 的钼精矿。

6.4　项目经济评价与决策

6.4.1　项目价值评估

账面价值是对矿山及选矿厂资产的账面价值的评估。2010 年 3 月 31 日，其账面价值为 5944.27 万元。账面价值明细见表 6-10。

6.4.2　投资估算

本项目投资估算是根据矿山采选 300 吨/天（控制性工程按 600 吨/天规模设计）建设工程初步设计进行编制的，该项目估算总投资 4124.84 万元，单位估算投资 416.65 元/(吨 · 年)。由于设计生产规

表 6-10　账面价值估算表

序　号	工程和费用名称	价值/万元
1	固定资产	2981.77
2	在建工程	1433.18
3	存　货	1463.67
4	其他长期资产	65.65
	合　计	5944.27

模小，控制性工程又按照 600 吨/天规模设计，导致单位投资偏高。

采用生产能力指数法估算其投资额。这种方法是根据已建成的、性质类似的建设项目的投资额和生产能力及拟建项目的生产能力估算其投资额。经过估算，总投资额为 7333.04 万元，即将在原基础上新增 3208.2 万元投资，单位估算投资 277.76 元/(吨·年)，与类似矿山（生产规模为 1000 吨/天）单位投资 258.69 元/(吨·年)接近，因此，该估算投资具有一定的合理性。其投资构成见表 6-11。

表 6-11　按费用构成划分的投资分析表

项目名称	建筑工程	设备费	安装工程	其他费用	总价值
估算价值/万元	3299.87	2566.56	366.65	1099.96	7333.04
占总估算比例/%	45	35	5	15	100.00

截至 2009 年 4 月，该项目累计投入资金 8472.11 万元，其中，基建性投入 7142.79 万元，试生产期投入 994.06 万元，生产期投入 335.26 万元，因此，本项目新增建设资金 3208.2 万元实际已经投入，而且还要超出一些，更为重要的是，目前矿山生产规模已经达到了 800 吨/天。生产第一年需要新增流动资金 500 万元，全部由企业自筹。因此，企业只需要新增资本金 500 万元。

6.4.3　成本与费用估算

6.4.3.1　成本计算说明

（1）项目的成本费用包括制造成本、管理费用、销售费用以及财务费用。

（2）职工工资将在矿山现行工资水平基础上，根据矿山生产规模扩大情况，考虑增加60%的幅度进行测算。矿山在实际操作时，可增加生产人员或根据生产情况调整工资增加幅度。

（3）2008年11月，某设计研究院对该矿设计生产规模为300吨/天，参照其投资概算，采用固定资产投资估算的理论与方法，对相关工程费用进行调整。

（4）在费用调整过程中，将充分考虑矿山目前生产成本情况，以其2009年生产成本为依据进行估算。

（5）在费用调整过程中，将结合国内大型类似钼矿山（尤其是生产规模相当的可比性较强的矿山）成本费用指标做出适当调整，充分反映行业一般先进水平，促进企业技术进步与创新。

（6）折旧费：按照《工业企业财务制度》的规定，企业固定资产折旧方法采用平均年限法，净残值率按照固定资产原值的5%确定。由于原矿山设计服务年限过短，仅为7年，导致折旧年限很短，年折旧费很高，势必增加单位成本。因此，考虑到矿山远景储量较大，随着生产探矿的不断进行，矿山服务年限可能会在合理服务年限之内，见表6-12[141]。

表6-12 部分非煤矿山合理服务年限

矿山规模	矿山合理服务年限	备 注
大 型	25年以上	黑色金属矿山规模大于2Mt/a 有色金属露天矿规模大于2Mt/a 有色金属矿井规模大于1Mt/a 化工矿山规模大于1Mt/a
中 型	18年以上	黑色金属矿山规模0.6～2Mt/a 有色金属露天矿规模0.3～2Mt/a 有色金属矿井规模0.2～1Mt/a 化工矿山规模0.3～1Mt/a
小 型	10年以上	黑色金属矿山规模小于0.6Mt/a 有色金属露天矿规模小于0.3Mt/a 有色金属矿井规模小于0.2Mt/a 化工矿山规模小于0.3Mt/a

矿山设计年生产规模为26.4万吨/年，由表6-12可知，已经达到了中型矿山的生产规模，其合理服务年限应在18年以上，因此，

在计提折旧时，按照18年进行计算。

（7）矿山环境治理和生态恢复保证金：年均存储额＝存储标准×矿区面积×面积系数×开采系数，以上根据《江西省矿山环境治理和生态恢复保证金管理暂行办法》（赣建财［2008］155号）进行计算，相关系数的计取见表6-13。本矿年均存储额359.52万元，计入管理成本。

表6-13　江西省矿山环境治理和生态恢复保证金取费表

<table>
<tr><th>项 目</th><th colspan="5">主 采 矿 种</th><th>存储标准/元·$(m^2 \cdot a)^{-1}$</th></tr>
<tr><td rowspan="10">存储标准</td><td rowspan="3">能源矿产</td><td colspan="4">煤、油页岩</td><td>0.30</td></tr>
<tr><td colspan="4">地热</td><td>0.02</td></tr>
<tr><td colspan="4">其他矿种</td><td>0.30</td></tr>
<tr><td rowspan="2">金属矿产</td><td colspan="4">铁、铜、钨、稀土</td><td>0.45</td></tr>
<tr><td colspan="4">其他矿种</td><td>0.30</td></tr>
<tr><td rowspan="4">非金属矿产</td><td colspan="4">石灰岩、白云岩、大理岩、花岗岩、玄武岩、辉长岩、辉绿岩、辉石岩、安山岩、闪长岩、板岩</td><td>2.00</td></tr>
<tr><td colspan="4">石膏</td><td>0.30</td></tr>
<tr><td colspan="4">地下卤水</td><td>0.02</td></tr>
<tr><td colspan="4">其他矿种</td><td>1.80</td></tr>
<tr><td>水气矿产</td><td colspan="4">矿泉水</td><td>0.01</td></tr>
<tr><td rowspan="2">面积系数</td><td>矿区面积/km^2</td><td>≤0.01</td><td>0.01～0.1</td><td>0.1～1</td><td>1.0～5.0</td><td>>5.0</td></tr>
<tr><td>面积系数</td><td>4</td><td>2</td><td>1.2</td><td>1</td><td>0.8</td></tr>
<tr><td rowspan="8">开采系数</td><td colspan="5">采 矿 方 法</td><td>开采系数</td></tr>
<tr><td rowspan="2">露天开采</td><td colspan="4">自上而下水平分层采矿法</td><td>1</td></tr>
<tr><td colspan="4">其他采矿法</td><td>1.5</td></tr>
<tr><td rowspan="5">地下开采</td><td colspan="4">充填采矿法</td><td>0.5</td></tr>
<tr><td rowspan="2">空场采矿法</td><td colspan="3">不允许地表塌落</td><td>1</td></tr>
<tr><td colspan="3">允许地表塌落</td><td>1.2</td></tr>
<tr><td colspan="4">崩落采矿法</td><td>1.5</td></tr>
<tr><td colspan="4">其他采矿法</td><td>1</td></tr>
</table>

6.4.3.2　成本费用计算

项目达产年平均总成本费用计算结果见表6-14。由此，本项目达到设计能力后年均总成本费用为 3701.83 万元，年均单位成本为 140.22 元/吨原矿。

表 6-14　项目达产年平均总成本费用

序　号	项　目	年总成本与费用/万元	单位矿石成本与费用/元·t^{-1}
1	采矿制造成本	1375.44	52.1
1.1	辅助材料费	322.08	12.2
1.2	动力费	266.64	10.1
1.3	工资及福利费	45.41	1.72
1.4	制造费用	509.52	19.3
1.4.1	维简费	475.20	18.0
1.4.2	维修费	34.32	1.3
1.5	探矿费	20.59	0.78
1.6	安全费	211.20	8.0
2	选矿制造费用	1328.98	50.34
2.1	辅助材料费	311.52	11.8
2.2	动力费	477.84	18.1
2.3	工资及福利费	184.80	7.0
2.4	制造费用	354.82	13.44
2.4.1	折旧费	195.36	7.4
2.4.2	修理费	60.72	2.3
2.4.3	机物料消耗	98.74	3.74
3	管理费用	850.61	32.22
4	财务费用	120.4	4.56
5	销售费用	26.4	1
6	总成本及费用	3701.83	140.22
7	经营成本	2953.63	111.88

6.4.4　项目传统财务评价与决策

6.4.4.1　产品价格

本次钼金属价格按照27万元/吨计取。

6.4.4.2　平均年产量

以年生产规模26.4万吨，钼矿品位按平均为0.113%，回收率85%，贫化率15%，平均年产钼金属215.54吨。

6.4.4.3　平均年销售收入

经计算，项目达产年平均销售收入为5819.58万元。

6.4.4.4　销售税金及附加

增值税：根据国务院《中华人民共和国增值税暂行条例》的规定，税率为17%。

城市维护建设税（含水利建设基金）：以增值税为依据，税率5%。

教育费附加：以增值税为依据，税率3%。

资源税：按6元/吨原矿计征。

资源补偿费：以销售收入为依据，税率2%。

达产年销售税金及附加为1226.88万元，见表6-15。

表6-15　销售收入、销售税金及附加计算表

序号	项　目	单位	生产期					
			第2年	第3年	第4年	第5年	第6～9年	第10年
	生产负荷	%	100.0	100.0	100.0	100.0	100.0	100.0
1	生产能力	万吨	26.4	26.4	26.4	26.4	26.4	26.4
2	销售收入	万元	5819.58	5819.58	5819.58	5819.58	5819.58	5819.58
3	销售税金及附加	万元	1226.88	1226.88	1226.88	1226.88	1226.88	1226.88
3.1	增值税	万元	989.33	989.33	989.33	989.33	989.33	989.33
3.2	城市维护建设税	万元	49.47	49.47	49.47	49.47	49.47	49.47
3.3	教育附加费	万元	29.68	29.68	29.68	29.68	29.68	29.68
3.4	矿产资源税	万元	158.4	158.4	158.4	158.4	158.4	158.4

6.4.4.5 所得税

所得税按利润总额的25%计征，达产年均所得税为222.72万元（不包括前三年），见表6-16。

表6-16 损益表

序号	项 目	单位	生产期					
			第2年	第3年	第4年	第5年	第6～9年	第10年
	生产负荷	%	100.0	100.0	100.0	100.0	100.0	100.0
1	销售收入	万元	5819.58	5819.58	5819.58	5819.58	5819.58	5819.58
2	销售税金及附加	万元	1226.88	1226.88	1226.88	1226.88	1226.88	1226.88
3	总成本费用	万元	3701.83	3701.83	3701.83	3701.83	3701.83	3701.83
4	利润总额	万元	890.87	890.87	890.87	890.87	890.87	890.87
5	弥补以前年度亏损	万元	890.87	497.75				
6	所得税	万元	0.00	98.28	222.72	222.72	222.72	222.72
7	税后利润	万元	0.00	294.84	668.15	668.15	668.15	668.15
8	盈余公积金	万元	0.00	29.48	66.82	66.82	66.82	66.82
9	可分配利润	万元	0.00	265.36	601.34	601.34	601.34	601.34
10	未分配利润	万元	0.00	0.00	0.00	0.00	0.00	0.00
11	应付利润	万元	0.00	265.36	601.34	601.34	601.34	601.34

6.4.4.6 净利润分配

缴纳所得税后的利润按照下列顺序分配。

（1）弥补项目以前年度的亏损：企业发生的年度亏损可以用下一年度的税前利润弥补，下一年度利润不足弥补的，可以在5年内继续弥补，5年内不足弥补的，用税后利润弥补。

（2）提取法定盈余公积金：按照税后利润扣除前项后的10%提取。

（3）应付利润：是指企业应付给投资者的利润。

（4）未分配利润：指用于偿还贷款的利润。

6.4.4.7 清偿能力分析

本项目暂无长期贷款，如果需要，再另行计算。

6.4.4.8 财务盈利能力分析

项目现金流量表见表6-17所示。在该表中项目建设投资取矿山已经发生的沉没投资8472.11万元进行计算，比前面所做的估计预算投资7333.04万元要多出1139.07万元。这样处理，充分考虑到矿山生产的不可逆性，使评价更加科学，与实际情况更加相符。

表6-17 项目现金流量表 （万元）

序号	项目	建设期	生产期					
		第1年	第2年	第3年	第4年	第5年	第6~9年	第10年
一	现金流入		5819.58	5819.58	5819.58	5819.58	5819.58	6498.11
1	营业收入		5819.58	5819.58	5819.58	5819.58	5819.58	5819.58
2	回收固定资产余值							178.53
3	回收流动资金							500
二	现金流出	8972.11	4180.51	4278.79	4403.23	4403.23	4403.23	4403.23
1	建设投资	8472.11						
2	铺底流动资金	500						
3	流动资金							
4	经营成本		2953.63	2953.63	2953.63	2953.63	2953.63	2953.63
5	销售税金及附加		1226.88	1226.88	1226.88	1226.88	1226.88	1226.88
6	所得税		0.00	98.28	222.72	222.72	222.72	222.72
7	维持运营投资							
三	净现金流量	-8972.11	1639.07	1540.79	1416.35	1416.35	1416.35	2094.88
四	累计净现金流量	-8972.11	-7333.04	-5792.25	-4375.90	-2959.55	2705.87	4800.75
五	税前净现金流量	-8972.11	1639.07	1639.07	1639.07	1639.07	1639.07	2317.60
六	累计税前净现金流量	-8972.11	-7333.04	-5693.97	-4054.90	-2415.83	4140.45	6458.05
	计算指标		税后		税前			
	内部收益率		9.4%		12.0%			
	净现值（$i=10\%$）		-202.03万元		686.45万元			
	投资回收期（含1年建设期）		>10年		9.23年			

项目内部收益率（税后）：9.4% <10%；

项目财务净现值（税后）：－202.03 万元 <0；

动态投资回收期（含 1 年建设期）（税后）：>10 年。

该项目取得会计利润大于零，但财务净现值为－202.03 万元的评价结论，根据评价准则，该项目在财务上不可行。但如果投资，可将矿山以往年度的全部亏损弥补回来，并取得 4971.9 万元的会计利润，见表 6-16。

6.4.5　投资项目动态净现值及柔性价值

6.4.5.1　投资项目动态净现值及柔性价值计算

该投资项目 122b + 333 + 334_1 类矿石量 693.94 万吨，因此，其地质储量较为丰富，远景储量较大，但资源质量一般。设计开采矿石规模 26.4 万吨/年，可持续开采 9 年，如果增加矿山生产探矿，334_1 类预测资源量按照 20% 进行折算，可增加设计储量 88.78 万吨，其开采年限可延长至 12 年，此时项目内部收益率（税后）为 12.7%，财务净现值（税后）为 1090.89 万元，项目完全可行。

如果 334_1 类预测资源量仍然暂不考虑，而是根据市场需求，通过调整生产规模进行柔性经营，那么可以计算出动态净现值。估计钼金属价格期望增长率为 0.1，波动率为 0.2；投资时钼金属价格为 27 万元/吨；估计单位产品经营成本期望增长率为 0.05，波动率为 0.1。提出四个生产规模方案进行计算分析，其中每个方案的经营成本与销售收入估算方法同前，假定生产规模变化情况见表 6-18。

表 6-18　动态净现值与柔性价值计算

方案	生产规模/$t \cdot d^{-1}$								计算指标/万美元	
	第 1 ~ 3 年	第 4 ~ 6 年	第 7 年	第 8 年	第 9 年	第 10 年	第 11 年	第 12 年	*NPV**	*DFV*
方案 1	800	800	800	800	800	—	—	—	2071.62	2273.65
方案 2	500	500	800	800	800	800	1000		2183.56	2385.59
方案 3	600	600	600	600	800	800	800	—	2208.25	2410.28
方案 4	600	800	600	800	800	800	—	—	2437.64	2639.67

再利用式(3-9)～式(3-12)计算可得 NPV^*、DFV，结果见表6-18。由此可以得出，方案4较好，其动态净现值为2437.64万元。因此，在进行柔性经营时，生产规模应根据市场需求适时调整，在预测市场需求较好时，可以适当扩大生产规模；在预测市场需求较差时，可以适当缩减生产规模。

6.4.5.2　经验做法

通过对投资项目动态净现值的反复测算，发现应用该公式进行计算时，可增加的净现金流量占DCF法计算的期望净现金流量的10%～30%，平均为20%，这主要取决于预期矿产品价格的波定性大小。因此，在利用投资项目动态净现值公式进行计算时，可以在DCF法的基础之上进行估算，这更为简单有效，避免了繁杂的计算。建议在矿产品价格波动性比较大时，取20%～30%（平均25%）的增量系数；在矿产品价格波动性比较小时，取10%～20%（平均15%）的增量系数。

6.4.6　复合期权价值以及柔性价值

6.4.6.1　复合期权价值以及柔性价值计算

以改变两次生产规模为例，假定生产规模变化情况见表6-19，即也提出四个生产规模方案，其中每个方案的经营成本与销售收入估算方法同前。有关参数取值同前，暂不考虑股利支付，即 $\delta=0$。利用式(3-14)～式(3-16)可以得到基于盖斯克模型的改变运营规模的期权价值 V_0 以及柔性价值 OFV，结果见表6-19。

表6-19　复合期权价值以及柔性价值计算

方案	生产规模/$t \cdot d^{-1}$								计算指标/万美元	
	第1～3年	第4～6年	第7年	第8年	第9年	第10年	第11年	第12年	V_0	OFV
方案1	500	500	800	800	800	800	1000	—	2620.27	2822.30
方案2	600	800	600	600	600	600	600	—	2458.62	2660.65
方案3	600	800	800	800	800	600	—	—	2779.86	2981.89
方案4	500	500	600	600	1000	1000	1000	—	2557.34	2759.37

由表6-19可以看出，当改变两次生产规模时，由于投机机会的存在，复合期权价值 V_0 均大于按照传统DCF方法计算的净现值，柔性价值 *OFV* 也总是大于零，并且方案3复合期权价值以及柔性价值更大。如果矿山根据市场需求情况多次改变矿山生产规模，预期经济效益会更好。

6.4.6.2 经验做法

通过对复合期权价值的反复测算，发现应用期权理论进行计算时，可增加的净现金流量占DCF法计算的期望净现金流量的15%～35%，平均为25%，这也主要取决于预期矿产品价格的波定性大小。因此，在利用复合期权价值理论进行计算时，也可以在DCF法的基础之上进行估算。建议在矿产品价格波动性比较大时，取25%～35%（平均30%）的增量系数；在矿产品价格波动性比较小时，取15%～25%（平均20%）的增量系数。

6.5 项目结论与建议

6.5.1 项目结论

该矿区成矿条件较好，随着勘查工作的深入，矿山具有较大的资源增值潜力。从近两年矿山生产经营来看，经济效益不明显，在目前钼金属价格较低的情况下，矿山仍可基本维持正常生产运转，目前平均月亏损约100万元。矿山稳产后，项目预期经济效益水平将会有明显好转，增量投资效益较好。

项目建设方案中，矿山钼矿石生产能力26.4万吨/年。总投资额为7333.04万元，实际投资额已经高于此投资额，单位估算投资277.76元/(吨·年)。目前矿山采选生产规模已经可以达到800吨/天，2010年上半年由于各种原因，导致开工不足，实际生产天数达不到设计天数，使得日均产量仅500吨/天。

项目达产年平均总成本费用为3701.83万元/年，销售收入为5819.58万元/年，税后会计总利润为4971.9万元。项目财务净现值为－202.03万元，税后财务内部收益率为9.4%，投资动态净现值（方案4）2437.64万元，复合期权价值（方案3）2779.86万元。如果增加生产探矿后，334_1 类预测资源量按照20%进行折算，此时项目财务内部收益率（税后）为12.7%，财务净现值（税后）为1090.89万元。

综上所述，本项目的评价结论为：该项目能在弥补矿山以往年度全部亏损的情况下，实现扭亏为盈，取得较以往比较明显的经济效益，会计利润为正，投资动态净现值为正，表明矿山具有较好的发展潜力。因此，本项目在技术上基本可靠、在经济上可行。

6.5.2 主要建议

（1）加强地质勘探工作，使资源升级。矿山钼矿潜在资源量较大，通过详查确定储量后，可以进一步扩大钼矿采矿规模；另外，江西省国土资源厅认定矿区钼矿详查地质报告中，铜矿 334_1 类矿石量453318.3吨，平均品位0.436%～1.173%，铜金属量4244.52吨；锡矿334类矿石量315846.96吨，平均品位0.222%～1.805%，锡金属量2046.77吨，均为预测资源量，一旦资源升级，加强对其综合开发与利用，会进一步提高矿山生产规模和综合经济效益。

（2）加强矿山管理，降低采矿生产成本。矿山采掘工程采用合同外包方式，单位矿石生产成本较高，有必要重新测算与分析采矿生产成本；另外，在《采掘工程承包合同书》中没有关于工程质量奖惩的实质性重要条款，如没有关于采矿损失率、贫化率标准以及超标惩罚的相应条款。因此，建议对采矿生产成本开展专题研究，加强合同管理，找到降低采矿生产成本的有效途径。

（3）加强选矿设备的综合利用。在对选矿厂的调查中发现部分设备未使用，主要有溢流型球磨机1台和机械搅拌充气浮选机3台，它们主要用于伴生矿萤石的生产，因产量不稳定、市场行情不好而停用。建议矿山尽快查明萤石储量，最大限度地利用资源，稳定生产，提高效益。

7 本书所用决策方法简评

7.1 传统财务评价

传统财务评价适用于各类项目的经济评价。净现值考虑了资金的时间价值，并全面考虑了项目在整个寿命期内的经济状况，直接以货币额表示项目的净收益。但其假定在项目寿命期内矿产品生产成本、市场价格以及矿山生产规模是固定不变的，与实际情况不相符合，因此，其计算结果的合理性与实用性普遍遭到质疑。

内部收益率是评价项目经济效益的效率性，它反映项目的投资报酬率。动态投资回收期是考虑资金的时间价值时收回初始投资所需的时间。这两个指标在进行计算时存在与净现值类似的缺点，因此，其计算结果也仅具有参考价值。

7.2 动态净现值和经营管理柔性价值

动态净现值比传统净现值计算更具有灵活性、合理性。因为本书认为，矿业投资期权是一个美式看涨期权，其投资结果是可在市场上销售或自用的矿产品，而投资效益则由矿产品价格以及单位生产成本决定。价格主要由市场需求决定，成本则由原材料、燃料、动力价格，矿山生产技术、生产规模等因素决定，即均受世界经济因素的影响，这些因素具有随机不确定性，因而使得矿产品价格以及生产成本也具有一定的随机特性。

在利用投资项目动态净现值公式进行计算时，更为简单的做法是，可以在 DCF 法的基础之上进行估算：在矿产品价格波动性比较大时，取 20% ~30% （平均 25%） 的净现金流量增量系数；在矿产品价格波动性比较小时，取 10% ~20% （平均 15%） 的净现金流量增量系数。

经营管理柔性价值是动态净现值与传统净现值之间的差。一般来说，在传统净现值评价指标不能通过检验的情况下，若考虑到项目经营管理柔性价值以后，评价结果可以接受，那么该项目也是可以考虑进行投资的。这样就将一些被传统净现值评价剔除的项目重新提出进一步论证，关键是找出项目成立的必要条件。

7.3 改变运营规模期权价值和复合期权柔性价值

该方法更具针对性。由于矿业投资的多阶段特点，新投资机会的存在给企业带来了附加价值，进一步增强了项目在运营期间的生存能力。改变运营规模期权是一个复合期权，复合期权是否执行取决于普通欧式期权的内在价值。因此，其更适用于有投资潜力项目的评价。

应用复合期权理论进行计算时，更为简单的做法是，可以在DCF法的基础之上进行估算：在矿产品价格波动性比较大时，取25% ~35%（平均30%）的净现金流量增量系数；在矿产品价格波动性比较小时，取15% ~25%（平均20%）的净现金流量增量系数。

复合期权柔性价值是复合期权价值与传统净现值之间的差。其含义是：如果考虑到新的投资机会（如改变矿山生产经营规模），也可以给原项目带来柔性价值，使其具有更加强大的生命力。但要求投资母公司资金实力雄厚或有较强的融资能力，可以适时追加投资，否则，扩大生产规模或寻找新的投资机会只能是一句空话。

7.4 多因素层次模糊综合评价模型

该方法更具全面性且简单实用。期权模型对高等数学严重依赖，十分抽象，计算起来也很复杂，难以向大众推广使用。因此，在矿业投资项目可行性研究阶段，为了对所投资项目进行全面且简单实用的评价，本书尝试建立了多因素层次模糊综合评价模型，并对各个评价指标进行了分级，然后用常权进行评价，期间充分利用了专家的智慧与海内外投资经验，并以实际投资案例进行了计算分析，效果较好。该模型与期权模型相比更简单、更容易被理解。

另外，在常权评价中，权重相对是固定不变的。但在实际应用中，当评价的一项指标极端恶劣时，若按固定权来处理，由于评价因素较多，分配给各因素的权重相对较低，往往掩盖某些指标的恶劣状态，从而使得得出的评价结论不能反映客观实际。而变权评价可以克服这一缺点，因此，本书将变权原理引入上述矿业投资决策的综合评价之中，可以更加准确地为矿山决策者提供决策依据。

附

附录 A　某被收购

项　目	合计	达产年	建设期		达				
		平均	第 1 年	第 2 年	第 3 年	第 4 年	第 5 年	第 6 年	第 7 年
生产负荷/%			83.00	100.00	100.00	100.00	100.00	100.00	100.00
销售收入（含税）	321233.19	16462.09	15957.47	16462.09	16462.09	16462.09	16462.09	16462.09	16462.09
增值税	0.00	0.00	0.00	0.00	0.00	0.00	0.00	0.00	0.00
销售税金及附加	0.00	0.00	0.00	0.00	0.00	0.00	0.00	0.00	0.00
总成本费用	265800.62	14047.84	12962.32	13595.37	14047.32	14145.41	14157.97	14124.76	14030.02
利润总额	55432.57	2414.25	2995.15	2866.72	2414.77	2316.68	2304.12	2337.33	2432.07
应纳税所得额	55432.57	2414.25	2995.15	2866.72	2414.77	2316.68	2304.12	2337.33	2432.07
所得税	8314.87	362.14	449.27	430.01	362.22	347.50	345.62	350.60	364.81
净利润	47117.70	2052.11	2545.88	2436.71	2052.55	1969.18	1958.50	1986.73	2067.26
加:折旧摊销费			682.50	682.50	975.19	1018.21	1066.36	1105.60	1134.04
减:资本支出			1830.00	1219.20	1116.00	1356.00	874.00	1044.00	316.00
净现金流量			1398.38	1900.01	1911.74	1631.39	2150.86	2048.33	2885.30
净现值（i_c =8%）									22759.79

录

项目价值评估表

（万美元）

产　期

第8年	第9年	第10年	第11年	第12年	第13年	第14年	第15年	第16年	第17年	第18年	第19年	第20年
100.00	100.00	100.00	100.00	100.00	100.00	100.00	100.00	100.00	100.00	100.00	100.00	100.00
16462.09	16462.09	16462.09	16462.09	16462.09	16462.09	16462.09	16462.09	16462.09	16462.09	16462.09	16462.09	16462.09
0.00	0.00	0.00	0.00	0.00	0.00	0.00	0.00	0.00	0.00	0.00	0.00	0.00
0.00	0.00	0.00	0.00	0.00	0.00	0.00	0.00	0.00	0.00	0.00	0.00	0.00
14008.32	13987.39	14020.52	14028.48	13993.27	13991.34	14029.41	14067.48	14084.17	14123.59	14137.38	14163.81	14173.02
2453.77	2474.70	2441.57	2433.61	2468.82	2470.75	2432.68	2394.61	2377.92	2338.50	2324.71	2298.28	2289.07
2453.77	2474.70	2441.57	2433.61	2468.82	2470.75	2432.68	2394.61	2377.92	2338.50	2324.71	2298.28	2289.07
368.07	371.20	366.24	365.04	370.32	370.61	364.90	359.19	356.69	350.78	348.71	344.74	343.36
2085.70	2103.50	2075.33	2068.57	2098.50	2100.14	2067.78	2035.42	2021.23	1987.72	1976.00	1953.54	1945.71
1157.89	1178.77	1204.42	1231.06	1256.35	1263.46	1301.53	1339.60	1374.97	1406.92	1429.42	1438.42	1447.63
265.00	532.00	624.00	335.00	804.55	755.60	1050.00	878.20	716.20	434.00	856.40	205.00	190.20
2978.59	2750.27	2655.75	2964.63	2550.30	2608.00	2319.31	2496.82	2680.00	2960.64	2549.02	3186.96	3203.14

附录 B 某被收购

20 年矿山

年 份	2007 ~ 2008	2008 ~ 2009	2009 ~ 2010	2010 ~ 2011	2011 ~ 2012	2012 ~ 2013	2013 ~ 2014	2014 ~ 2015	2015 ~ 2016
当年投产新建坑采矿山/个	0	0	1	2	1	2	3	1	1
当年投产替换坑采矿山/个	3	0	3	2	4	2	2	1	1
新建坑采矿山建设费用/万美元	64	192	192	192	320	256	128	64	64
替换坑采矿山建设费用/万美元	108	180	216	216	144	108	72	108	72
各个生产矿山的开拓及延伸费用/万美元	53	54	60	70	71	72	116	93	96
小计/万美元	225	426	468	478	535	436	316	265	232

选矿厂目前暂不

20 年冶炼厂

年 份	2007 ~ 2008	2008 ~ 2009	2009 ~ 2010	2010 ~ 2011	2011 ~ 2012	2012 ~ 2013	2013 ~ 2014	2014 ~ 2015	2015 ~ 2016
电炉更新改造费用/万美元	1279	260	274	244	0	260	0	0	0
土建更新改造费用/万美元	0	0	30	0	0	0	0	0	0
起重等主要设备更新改造费用/万美元	0	300	300	600	300	300	0	0	300
其他生产设备更新改造费用/万美元	146	136	44	34	39	48	0	0	0
小计/万美元	1425	696	648	878	339	608	0	0	300

项目 20 年

投资合计/万美元	1650	1122	1116	1356	874	1044	316	265	532

项目投资费用计划表

投资计划表

2016 ~ 2017	2017 ~ 2018	2018 ~ 2019	2019 ~ 2020	2020 ~ 2021	2021 ~ 2022	2022 ~ 2023	2023 2024	2024 ~ 2025	2025 ~ 2026	2026 ~ 2027	合计
0	1	2	0	0	0	0	0	0	0	0	14
2	0	0	2	3	5	4	5	3	4	0	46
192	128	0	0	0	0	0	0	0	0	0	1792
0	72	180	288	324	324	288	252	144	0	0	3096
93	96	101	99	99	99	105	103	106	100	103	1789
285	296	281	387	423	423	393	355	250	100	103	6677

考虑进行改造扩建

投资计划表

2016 ~ 2017	2017 ~ 2018	2018 ~ 2019	2019 ~ 2020	2020 ~ 2021	2021 ~ 2022	2022 ~ 2023	2023 2024	2024 ~ 2025	2025 ~ 2026	2026 ~ 2027	合计
0	0	0	260	520	260	260	0	260	0	0	3877
0	0	0	0	0	0	0	0	0	30	10	70
300	0	0	0	0	0	0	0	300	0	0	2700
39	39	0	13	0	108	0	26	0	18	18	708
339	39	0	273	520	368	260	26	560	48	28	7355

计划投资合计

624	335	281	660	943	791	653	381	810	148	131	14032

附录C 某项目新增建设投资估算表

某项目新增建设投资估算表详见表C-1～表C-3。

表C-1 新增建设投资估算表（按2007年至2009年计划投资）

（万美元）

序号	工程和费用名称	价值					
		开拓工程	建筑工程	设备购置	安装工程	其他费用	总价值
一	采矿场	129.54	322.70	111.35	28.23	59.18	651.00
1	新建坑采矿山	11.05	107.75	98.04	15.89	23.27	256.00
2	替换坑采矿山	21.22	214.95	13.31	12.34	26.18	288.00
3	各个生产矿山的开拓及延伸费用	97.27				9.73	107.00
二	选矿厂（暂不需要改扩建）						
三	冶炼厂		170.00	1880.00	71.00		2121.00
1	2号炉重建		170.00	770.00	60.00		1000.00
1.1	土建及钢结构		170.00				170.00
1.2	RMH、炉身及耐火材料			190.00			190.00
1.3	变压器及电系统			240.00			240.00
1.4	给料及预热			100.00			100.00
1.5	辅助设施			240.00			240.00
1.6	安装及其他				60.00		60.00
2	其他需更新的费用			1110.00	11.00		1121.00
四	工程管理费					277.20	277.20
五	合 计	129.54	492.70	1991.35	99.23	336.38	3049.20

表 C-2　新建（单位）地下矿山投资明细表　　（万美元）

序号	工程和费用名称	价值					
		开拓工程	建筑工程	设备购置	安装工程	其他费用	总价值
一	总平面		0.39				0.39
1	场地清理		0.06				0.06
2	ELA/EM 计划		0.02				0.02
3	道　路		0.31				0.31
二	采矿场建构筑物		4.19				4.19
1	卷扬机房		0.24				0.24
2	空压机房		0.24				0.24
3	工作室		2.16				2.16
4	充电间		0.24				0.24
5	办公楼		0.46				0.46
6	盥洗间		0.11				0.11
7	商　店		0.24				0.24
8	炸药库		0.50				0.50
三	斜　井	5.30		26.35	0.05		31.70
1	井　口	0.10					0.10
2	平巷开拓费用	5.20					5.20
3	70/50 提升机			26.22			26.22
4	配套设备			0.10			0.10
5	提升绳 500m			0.03			0.03
6	安　装				0.05		0.05
四	动　力			8.46	7.04		15.50
1	550kV·A（33/0.55kV）变压器			6.99			6.99
2	2000m、33kV 架空线路				2.79		2.79
3	开关设备			1.47			1.47
4	500m、95mm² 铠装电缆				3.33		3.33
5	矿山输送干线				0.85		0.85

续表 C-2

序号	工程和费用名称	价值					
		开拓工程	建筑工程	设备购置	安装工程	其他费用	总价值
6	安 装				0.07		0.07
五	给排水		0.29	0.75	0.18		1.22
1	深井取水 40m		0.29				0.29
2	钻孔取水设备			0.75			0.75
3	蓄水池及供水管路				0.18		0.18
六	采矿设备	0.22	0.17	10.92	0.68		11.99
1	GA250G 空压机			0.59			0.59
2	充 电			2.18			2.18
3	80-250 水泵			2.49			2.49
4	2HD 潜水泵			0.32			0.32
5	凿岩机			0.28			0.28
6	气腿和配件			0.08			0.08
7	小矿车			1.63			1.63
8	主要巷道	0.22					0.22
9	风 扇			2.59			2.59
10	泵控制柜			0.76			0.76
11	风 管				0.19		0.19
12	地表管道				0.21		0.21
13	地表轨道		0.17				0.17
14	焊接材料等				0.28		0.28
七	生活福利设施		48.85	2.55			51.40
1	宿舍（150 套）		37.21				37.21
2	餐 厅		3.77				3.77
3	炉 子			1.29			1.29
4	动 力			1.26			1.26
5	盥洗间		7.87				7.87
	合 计	5.52	53.89	49.03	7.95		116.39
	预备费等					11.64	11.64
	总费用	5.52	53.89	49.03	7.95	11.64	128.03
	百分比/%	4.31	42.09	38.30	6.21	9.09	100.00

表 C-3　替换（单位）地下矿山投资明细表　　（万美元）

序号	工程和费用名称	价值					
		开拓工程	建筑工程	设备购置	安装工程	其他费用	总价值
一	总平面		0.39				0.39
1	场地清理		0.06				0.06
2	ELA/EM 计划		0.02				0.02
3	道　路		0.31				0.31
二	采矿场建构筑物		4.19				4.19
1	卷扬机房		0.24				0.24
2	空压机房		0.24				0.24
3	工作室		2.16				2.16
4	充电间		0.24				0.24
5	办公楼		0.46				0.46
6	盥洗间		0.11				0.11
7	商　店		0.24				0.24
8	炸药库		0.50				0.50
三	斜　井	5.30		0.03	0.04		5.37
1	井　口	0.10					0.10
2	巷道开拓费用	5.20					5.20
3	提升绳			0.03			0.03
4	安　装				0.04		0.04
四	动　力				2.86		2.86
1	2000m、33kV 架空线路				2.79		2.79
2	安　装				0.07		0.07
五	给排水		0.29	0.75	0.18		1.22
1	深井取水 40m		0.29				0.29
2	钻孔取水设备			0.75			0.75
3	蓄水池及供水管路				0.18		0.18
六	生活福利设施		48.85	2.55			51.40
1	宿舍 150 套		37.21				37.21
2	餐　厅		3.77				3.77
3	炉　子			1.29			1.29
4	动　力			1.26			1.26
5	盥洗间		7.87				7.87
	合　计	5.30	53.72	3.33	3.08		65.43
	预备费等					6.54	6.54
	总费用	5.30	53.72	3.33	3.08	6.54	71.97
	百分比/%	7.37	74.63	4.62	4.28	9.09	100.00

附录D　某项目投资

序号	项　目	合计	初始投入合计	建设期						达
				第1年	第2年	第3年	第4年	第5年	第6年	第7年
1	投资总额	22575.20	16549.20	15330.00	1219.20	468.00	478.00	535.00	436.00	316.00
1.1	建设投资	9075.20	3049.20	1830.00	1219.20	468.00	478.00	535.00	436.00	316.00
1.2	建设期利息	0.00	0.00	0.00	0.00	0.00	0.00	0.00	0.00	0.00
1.3	利用原有固定资产	11375.00	11375.00	11375.00	0.00	0.00	0.00	0.00	0.00	0.00
1.4	流动资金	2125.00	2125.00	2125.00	0.00	0.00	0.00	0.00	0.00	0.00
2	资金筹措	22575.20	16549.20	15330.00	1219.20	468.00	478.00	535.00	436.00	316.00
2.1	项目资本金	22575.20	16549.20	15330.00	1219.20	468.00	478.00	535.00	436.00	316.00
2.1.1	用于建设投资	9075.20	3049.20	1830.00	1219.20	468.00	478.00	535.00	436.00	316.00
2.1.2	用于建设期利息	0.00	0.00	0.00	0.00	0.00	0.00	0.00	0.00	0.00
2.1.3	利用原有资产	13500.00	13500.00	13500.00	0.00	0.00	0.00	0.00	0.00	0.00
	其中：利用原有固定资产	11375.00	11375.00	11375.00						
	利用原有流动资金	2125.00	2125.00	2125.00						
2.2	债务资金	0.00	0.00	0.00	0.00	0.00	0.00	0.00	0.00	0.00
2.3	其他资金	0.00	0.00							

使用计划和资金筹措表

（万美元）

产 期

第8年	第9年	第10年	第11年	第12年	第13年	第14年	第15年	第16年	第17年	第18年	第19年	第20年
265.00	232.00	285.00	296.00	281.00	387.00	423.00	423.00	393.00	355.00	250.00	100.00	103.00
265.00	232.00	285.00	296.00	281.00	387.00	423.00	423.00	393.00	355.00	250.00	100.00	103.00
0.00	0.00	0.00	0.00	0.00	0.00	0.00	0.00	0.00	0.00	0.00	0.00	0.00
0.00	0.00	0.00	0.00	0.00	0.00	0.00	0.00	0.00	0.00	0.00	0.00	0.00
0.00	0.00	0.00	0.00	0.00	0.00	0.00	0.00	0.00	0.00	0.00	0.00	0.00
265.00	232.00	285.00	296.00	281.00	387.00	423.00	423.00	393.00	355.00	250.00	100.00	103.00
265.00	232.00	285.00	296.00	281.00	387.00	423.00	423.00	393.00	355.00	250.00	100.00	103.00
265.00	232.00	285.00	296.00	281.00	387.00	423.00	423.00	393.00	355.00	250.00	100.00	103.00
0.00	0.00	0.00	0.00	0.00	0.00	0.00	0.00	0.00	0.00	0.00	0.00	0.00
0.00	0.00	0.00	0.00	0.00	0.00	0.00	0.00	0.00	0.00	0.00	0.00	0.00
0.00	0.00	0.00	0.00	0.00	0.00	0.00	0.00	0.00	0.00	0.00	0.00	0.00

附录 E 某项目作业成本

某项目作业成本与总成本费用估算表详见表 E-1 ~ 表 E-7。

表 E-1 按矿山经营

序号	项 目	单位	达产年平均	建设期		达					
				第 1 年	第 2 年	第 3 年	第 4 年	第 5 年	第 6 年	第 7 年	第 8 年
1	矿石量	万吨	59. 20	71. 80	59. 20	59. 20	59. 20	59. 20	59. 20	59. 20	59. 20
1. 1	自营	万吨	13. 83	27. 30	19. 80	8. 70	4. 50	6. 00	9. 10	11. 50	13. 00
	其中：竖井	万吨	7. 90	11. 60	7. 00	5. 10	0. 00	0. 00	0. 00	0. 00	0. 00
	斜井	万吨	12. 74	8. 20	5. 30	3. 60	4. 50	6. 00	9. 10	11. 50	13. 00
	露天	万吨	7. 50	7. 50	7. 50	0. 00	0. 00	0. 00	0. 00	0. 00	0. 00
1. 2	TRIBUTOR	万吨	33. 77	26. 30	25. 70	35. 70	38. 50	38. 30	37. 60	30. 80	31. 40
	其中：斜井	万吨	23. 75	14. 60	15. 50	16. 50	19. 30	19. 10	18. 60	23. 60	24. 20
	露天	万吨	10. 02	11. 70	10. 20	19. 20	19. 20	19. 20	19. 00	7. 20	7. 20
1. 3	CONTRACTOR	万吨	11. 59	18. 20	13. 70	14. 80	16. 20	14. 90	12. 50	16. 90	14. 80
2	冶炼										
2. 1	品位										
	ALT 级	%	62. 00	62. 00	62. 00	62. 0000	62. 0000	62. 0000	62. 0000	62. 0000	62. 0000
	R 级	%	60. 00	60. 00	60. 00	60. 0000	60. 0000	60. 0000	60. 0000	60. 0000	60. 0000
	S 级	%	59. 00	59. 00	59. 00	59. 0000	59. 0000	59. 0000	59. 0000	59. 0000	59. 0000
	S 级	%	60. 00	60. 00	60. 00	60. 0000	60. 0000	60. 0000	60. 0000	60. 0000	60. 0000
2. 2	铬铁产量	万吨	21. 7647	18. 0641	21. 7647	21. 7647	21. 7647	21. 7647	21. 7647	21. 7647	21. 7647
	ALT 级	万吨	1. 0340	0. 8587	1. 0340	1. 0340	1. 0340	1. 0340	1. 0340	1. 0340	1. 0340
	R 级	万吨	15. 4849	12. 8612	15. 4849	15. 4849	15. 4849	15. 4849	15. 4849	15. 4849	15. 4849
	S 级	万吨	1. 7678	1. 4641	1. 7678	1. 7678	1. 7678	1. 7678	1. 7678	1. 7678	1. 7678
	S 级	万吨	3. 4780	2. 8801	3. 4780	3. 4780	3. 4780	3. 4780	3. 4780	3. 4780	3. 4780
2. 3	铬铁含铬	万吨	13. 0600	10. 8400	13. 0600	13. 0600	13. 0600	13. 0600	13. 0600	13. 0600	13. 0600
	ALT 级	万吨	0. 64	0. 53	0. 64	0. 64	0. 64	0. 64	0. 64	0. 64	0. 64
	R 级	万吨	9. 29	7. 72	9. 29	9. 29	9. 29	9. 29	9. 29	9. 29	9. 29
	S 级	万吨	1. 04	0. 86	1. 04	1. 04	1. 04	1. 04	1. 04	1. 04	1. 04
	S 级	万吨	2. 09	1. 73	2. 09	2. 09	2. 09	2. 09	2. 09	2. 09	2. 09

与总成本费用估算表

方式安排的矿山排产计划表

产　期

第9年	第10年	第11年	第12年	第13年	第14年	第15年	第16年	第17年	第18年	第19年	第20年
59.20	59.20	59.20	59.20	59.20	59.20	59.20	59.20	59.20	59.20	59.20	59.20
14.50	14.50	14.50	16.00	16.70	16.70	16.70	16.70	16.70	16.70	16.70	16.70
0.00	0.00	0.00	0.00	0.00	0.00	0.00	0.00	0.00	0.00	0.00	0.00
14.50	14.50	14.50	16.00	16.70	16.70	16.70	16.70	16.70	16.70	16.70	16.70
0.00	0.00	0.00	0.00	0.00	0.00	0.00	0.00	0.00	0.00	0.00	0.00
31.70	31.10	32.60	34.40	33.70	33.70	33.70	35.20	34.60	35.30	33.90	33.90
24.50	23.90	25.40	27.20	26.50	26.50	26.50	28.00	27.40	28.10	26.70	26.70
7.20	7.20	7.20	7.20	7.20	7.20	7.20	7.20	7.20	7.20	7.20	7.20
13.00	13.60	12.10	8.80	8.80	8.80	8.80	7.30	7.90	7.20	8.60	8.60
62.0000	62.0000	62.0000	62.0000	62.0000	62.0000	62.0000	62.0000	62.0000	62.0000	62.0000	62.0000
60.0000	60.0000	60.0000	60.0000	60.0000	60.0000	60.0000	60.0000	60.0000	60.0000	60.0000	60.0000
59.0000	59.0000	59.0000	59.0000	59.0000	59.0000	59.0000	59.0000	59.0000	59.0000	59.0000	59.0000
60.0000	60.0000	60.0000	60.0000	60.0000	60.0000	60.0000	60.0000	60.0000	60.0000	60.0000	60.0000
21.7647	21.7647	21.7647	21.7647	21.7647	21.7647	21.7647	21.7647	21.7647	21.7647	21.7647	21.7647
1.0340	1.0340	1.0340	1.0340	1.0340	1.0340	1.0340	1.0340	1.0340	1.0340	1.0340	1.0340
15.4849	15.4849	15.4849	15.4849	15.4849	15.4849	15.4849	15.4849	15.4849	15.4849	15.4849	15.4849
1.7678	1.7678	1.7678	1.7678	1.7678	1.7678	1.7678	1.7678	1.7678	1.7678	1.7678	1.7678
3.4780	3.4780	3.4780	3.4780	3.4780	3.4780	3.4780	3.4780	3.4780	3.4780	3.4780	3.4780
13.0600	13.0600	13.0600	13.0600	13.0600	13.0600	13.0600	13.0600	13.0600	13.0600	13.0600	13.0600
0.64	0.64	0.64	0.64	0.64	0.64	0.64	0.64	0.64	0.64	0.64	0.64
9.29	9.29	9.29	9.29	9.29	9.29	9.29	9.29	9.29	9.29	9.29	9.29
1.04	1.04	1.04	1.04	1.04	1.04	1.04	1.04	1.04	1.04	1.04	1.04
2.09	2.09	2.09	2.09	2.09	2.09	2.09	2.09	2.09	2.09	2.09	2.09

表 E-2　P 矿竖井开拓采矿作业成本估算表

序号	项　目	单　位	单价/美元	每吨矿消耗	每吨矿成本/美元	总消耗	总成本/万美元
1	辅助材料				22.64		153.20
	铵油炸药	kg			3.40	0.00	23.01
	雷　管	个			0.00	0.00	0.00
	钎子钢	kg			18.27	0.00	123.63
	硬质合金	kg			0.00	0.00	0.00
	机　油	kg			0.00	0.00	0.00
	木　材	m^3			0.00	0.00	0.00
	轮　胎	个			0.00	0.00	0.00
	其　他				0.97		6.56
2	燃　料				1.17		7.92
	柴　油	L	0.77	1.47	1.13	99470.00	7.65
	汽　油	L	0.77	0.05	0.04	3383.33	0.27
3	动　力				9.01		60.97
	电	kW · h	0.08	112.58	9.01	7617913.33	60.97
4	工资及福利费	美元/(人 · 年)	1440.00		4.96	233	33.56
	合　计				37.78		255.65

表 E-3　G 矿斜井开拓采矿作业成本估算表

序号	项　目	单　位	单价/美元	每吨矿消耗	每吨矿成本/美元	总消耗	总成本/万美元
1	辅助材料				16.00		203.91
	铵油炸药	kg			14.86		189.38
	油	L	2.77	0.001	0.00277	127.44	0.04
	油　脂	kg	19.00	0.003	0.05700	382.33	0.73
	硬质合金	kg			0.00		0.00
	机　油	kg			0.00		0.00
	木　材	m^3			0.00		0.00
	轮　胎	个			0.00		0.00
	其　他				1.08		13.76
2	燃　料				15.47		197.16
	柴　油	kg	0.77	20.09	15.47	2560358.89	197.16
3	动　力				0.60		7.65
	电	kW · h	0.08	7.50	0.60	955833.33	7.65
4	工资及福利费	美元/(人 · 年)	1440.00		2.25	199	28.68
	合　计				34.32		437.40

表 E-4　露天开采作业成本估算表

序号	项　目	单　位	单价/美元	每吨矿消耗	每吨矿成本/美元	总消耗	总成本/万美元
1	辅助材料				30.21		288.51
	铵油炸药	kg			21.33		203.70
	凿岩机	个			6.92		66.09
	钎子钢	kg			0.00		0.00
	硬质合金	kg			0.00		0.00
	机　油	kg			0.00		0.00
	木　材	m^3			0.00		0.00
	轮　胎	个			0.00		0.00
	其　他				1.96		18.72
2	燃　料				8.67		82.80
	柴　油	kg			8.17		78.02
	汽　油				0.50		4.78
3	动　力				3.25		31.04
	电	kW·h			3.25		31.04
4	工资及福利费	美元/(人·年)	1440.00		8.62	572	82.32
	合　计				50.75		484.67

表 E-5　选矿厂作业成本估算表

序号	项　目	单　位	单价/美元	每吨矿消耗	每吨矿成本/美元	总消耗	总成本/万美元
1	辅助材料				1.08		7.31
	衬　板	kg	1.80	0.018	0.03	4140.00	0.20
	油　脂	kg	1.60	0.016	0.03	3680.00	0.20
	胶　带	m^2	60.00	0.006	0.36	1380.00	2.44
	筛　网	kg	1.65	0.012	0.02	2760.00	0.14
	钢　材	kg	1.40	0.025	0.04	5750.00	0.27
	重介质(硅铁粉)	kg	2.30	0.15	0.35	34500.00	2.37
	其　他				0.25		1.69
2	动　力				1.44		9.74
	水	m^3	0.02	12	0.24	2760000.00	1.62
	电	kW·h	0.08	15	1.20	3450000.00	8.12
3	工资及福利费	美元/(人·年)	1440.00		2.43	114	16.42
	合　计				4.95		33.47

表 E-6　冶炼厂作业成本估算表

序号	项　目	单　位	单价/美元	每吨铬铁消耗	每吨铬铁成本/美元	总消耗	总成本/万美元
1	辅助材料				115.86		2521.74
	熔　剂	t	4.65	0.13		28511.76	13.26
	焦　炭	t	91.28	0.35		76176.45	695.34
	煤	t	67.88	0.22		47882.34	325.03
	电极糊	t	606.80	0.02		4352.94	264.14
	钢　材	t	823.38	0.014		3050.00	251.13
	氧　气	m^3	0.11	8.14		1771646.58	19.49
	SMC	袋	90.29	0.02		4352.94	39.30
	Dri vibe 681A	袋	65.43	0.04		8705.88	56.96
	黏结剂	袋	1.00	0.07		15235.29	1.52
	耐火材料	袋	4.10	0.232		50494.10	20.70
	渣处理				34.28		746.09
	其　他						88.78
2	动　力				103.15		2245.05
	水	m^3					0.00
	电	10^3kW·h	16.91	6.10		1327646.70	2245.05
3	工资及福利费	美元/(人·年)	2472.00		11.65	1026	253.63
	合　计				230.67		5020.42

表 E-7 总成本

序号	项 目	合计	达产年平均	建设期		达					
				第 1 年	第 2 年	第 3 年	第 4 年	第 5 年	第 6 年	第 7 年	第 8 年
	生产负荷/%			83.00	100.00	100.00	100.00	100.00	100.00	100.00	100.00
1	生产成本	211326.55	11122.45	10024.30	10563.85	10955.71	11036.36	11065.11	11064.28	11061.68	11066.13
1.1	外购原材料费	38659.50	2034.71	2002.50	1773.00	2272.50	2461.50	2394.00	2254.50	2146.50	2079.00
1.2	外购辅助材料费	52364.26	2756.01	2725.97	2999.15	2700.33	2593.74	2617.74	2667.35	2705.74	2729.74
1.3	外购燃料费	3821.35	201.12	140.42	90.18	61.65	69.62	92.82	140.78	177.91	201.11
1.4	动力	42954.43	2260.76	2013.91	2345.76	2300.50	2247.75	2248.65	2250.51	2251.95	2252.85
1.5	工资	12142.14	639.06	639.06	639.06	639.06	639.06	639.06	639.06	639.06	639.06
1.6	制造费用	61384.87	3230.78	2502.44	2716.70	2981.67	3024.69	3072.84	3112.08	3140.52	3164.37
1.6.1	折旧费	22735.14	1196.59	682.50	682.50	947.47	990.49	1038.64	1077.88	1106.32	1130.17
1.6.2	修理费	23946.27	1260.33	1046.07	1260.33	1260.33	1260.33	1260.33	1260.33	1260.33	1260.33
1.6.3	其他制造费用	14703.46	773.87	773.87	773.87	773.87	773.87	773.87	773.87	773.87	773.87
2	管理费用	21312.29	1121.70	1086.05	1107.11	1134.83	1134.83	1134.83	1134.83	1134.83	1134.83
2.1	摊销费	277.20	14.59	0.00	0.00	27.72	27.72	27.72	27.72	27.72	27.72
2.2	特许权使用费	6799.53	357.87	346.90	357.87	357.87	357.87	357.87	357.87	357.87	357.87
2.3	环保保证金	6255.56	329.24	319.15	329.24	329.24	329.24	329.24	329.24	329.24	329.24
2.4	其他管理费用	7980.00	420.00	420.00	420.00	420.00	420.00	420.00	420.00	420.00	420.00
3	财务费用	0.00	0.00	0.00	0.00	0.00	0.00	0.00	0.00	0.00	0.00
3.1	流动资金借款利息	0.00	0.00	0.00	0.00	0.00	0.00	0.00	0.00	0.00	0.00
3.2	建设投资借款利息	0.00	0.00	0.00	0.00	0.00	0.00	0.00	0.00	0.00	0.00
4	销售费用	34270.16	1803.69	1851.97	1924.41	1956.79	1974.22	1958.03	1925.66	1833.51	1807.36
	其中：运费	31295.33	1647.12	1700.20	1767.84	1800.22	1817.65	1801.46	1769.09	1676.94	1650.79
	MMCZ	2974.83	156.57	151.77	156.57	156.57	156.57	156.57	156.57	156.57	156.57
5	总成本费用	266909.00	14047.84	12962.32	13595.37	14047.32	14145.41	14157.97	14124.76	14030.02	14008.32
5.1	固定成本	94839.30	4991.54	4227.55	4462.87	4755.56	4798.58	4846.73	4885.97	4914.41	4938.26
5.2	可变成本	172069.70	9056.30	8734.77	9132.50	9291.77	9346.83	9311.24	9238.80	9115.61	9070.06
6	经营成本	243896.66	12836.67	12279.82	12912.87	13072.13	13127.20	13091.61	13019.16	12895.98	12850.43

费用估算表

（万美元）

产　期

第9年	第10年	第11年	第12年	第13年	第14年	第15年	第16年	第17年	第18年	第19年	第20年
100.00	100.00	100.00	100.00	100.00	100.00	100.00	100.00	100.00	100.00	100.00	100.00
11067.62	11093.27	11119.91	11125.79	11151.58	11189.65	11227.72	11263.09	11295.04	11317.54	11326.54	11335.75
2011.50	2011.50	2011.50	1944.00	1912.50	1912.50	1912.50	1912.50	1912.50	1912.50	1912.50	1912.50
2753.74	2753.74	2753.74	2777.73	2788.94	2788.94	2788.94	2788.94	2788.94	2788.94	2788.94	2788.94
224.32	224.32	224.32	247.52	258.35	258.35	258.35	258.35	258.35	258.35	258.35	258.35
2253.75	2253.75	2253.75	2254.65	2255.07	2255.07	2255.07	2255.07	2255.07	2255.07	2255.07	2255.07
639.06	639.06	639.06	639.06	639.06	639.06	639.06	639.06	639.06	639.06	639.06	639.06
3185.25	3210.90	3237.54	3262.83	3297.66	3335.73	3373.80	3409.17	3441.12	3463.62	3472.62	3481.83
1151.05	1176.70	1203.34	1228.63	1263.46	1301.53	1339.60	1374.97	1406.92	1429.42	1438.42	1447.63
1260.33	1260.33	1260.33	1260.33	1260.33	1260.33	1260.33	1260.33	1260.33	1260.33	1260.33	1260.33
773.87	773.87	773.87	773.87	773.87	773.87	773.87	773.87	773.87	773.87	773.87	773.87
1134.83	1134.83	1134.83	1134.83	1107.11	1107.11	1107.11	1107.11	1107.11	1107.11	1107.11	1107.11
27.72	27.72	27.72	27.72	0.00	0.00	0.00	0.00	0.00	0.00	0.00	0.00
357.87	357.87	357.87	357.87	357.87	357.87	357.87	357.87	357.87	357.87	357.87	357.87
329.24	329.24	329.24	329.24	329.24	329.24	329.24	329.24	329.24	329.24	329.24	329.24
420.00	420.00	420.00	420.00	420.00	420.00	420.00	420.00	420.00	420.00	420.00	420.00
0.00	0.00	0.00	0.00	0.00	0.00	0.00	0.00	0.00	0.00	0.00	0.00
0.00	0.00	0.00	0.00	0.00	0.00	0.00	0.00	0.00	0.00	0.00	0.00
0.00	0.00	0.00	0.00	0.00	0.00	0.00	0.00	0.00	0.00	0.00	0.00
1784.94	1792.42	1773.75	1732.65	1732.65	1732.65	1732.65	1713.97	1721.44	1712.73	1730.16	1730.16
1628.37	1635.85	1617.18	1576.08	1576.08	1576.08	1576.08	1557.40	1564.87	1556.16	1573.59	1573.59
156.57	156.57	156.57	156.57	156.57	156.57	156.57	156.57	156.57	156.57	156.57	156.57
13987.39	14020.52	14028.48	13993.27	13991.34	14029.41	14067.48	14084.17	14123.59	14137.38	14163.81	14173.02
4959.14	4984.79	5011.43	5036.72	5043.83	5081.90	5119.97	5155.34	5187.29	5209.79	5218.79	5228.00
9028.25	9035.73	9017.06	8956.55	8947.51	8947.51	8947.51	8928.83	8936.30	8927.59	8945.02	8945.02
12808.62	12816.10	12797.42	12736.92	12727.88	12727.88	12727.88	12709.20	12716.67	12707.96	12725.39	12725.39

附录F　某项目销售收入

序号	项　目	单位	建设期							达
			第1年	第2年	第3年	第4年	第5年	第6年	第7年	第8年
1	销售收入									
1.1	矿产品销售收入	万美元	2493.22	0.00	0.00	0.00	0.00	0.00	0.00	0.00
1.1.1	块矿销售收入		2493.22	0.00	0.00	0.00	0.00	0.00	0.00	0.00
	销售量	万吨	22.67							
	单　价	美元/t	110.00	110.00	110.00	110.00	110.00	110.00	110.00	110.00
1.2	铬铁产品销售收入	万美元	14851.86	17893.58	17893.58	17893.58	17893.58	17893.58	17893.58	17893.58
1.2.1	ALT级产品销售收入		759.49	917.12	917.12	917.12	917.12	917.12	917.12	917.12
	销售量(铬铁含铬)	万吨	0.53	0.64	0.64	0.64	0.64	0.64	0.64	0.64
	单　价	美元/t	1433.00	1433.00	1433.00	1433.00	1433.00	1433.00	1433.00	1433.00
1.2.2	R级和S级产品销售收入		14092.37	16976.46	16976.46	16976.46	16976.46	16976.46	16976.46	16976.46
	销售量(铬铁含铬)	万吨	10.31	12.42	12.42	12.42	12.42	12.42	12.42	12.42
	单价	美元/t	1366.86	1366.86	1366.86	1366.86	1366.86	1366.86	1366.86	1366.86
	合计	万美元	17345.08	17893.58	17893.58	17893.58	17893.58	17893.58	17893.58	17893.58
	减：汇兑损失	万美元	1387.61	1431.49	1431.49	1431.49	1431.49	1431.49	1431.49	1431.49
	实际收入合计	万美元	15957.47	16462.09	16462.09	16462.09	16462.09	16462.09	16462.09	16462.09
2	税金									
2.1	增值税	万美元	0.00	0.00	0.00	0.00	0.00	0.00	0.00	0.00
	销项税	万美元	0.00	0.00	0.00	0.00	0.00	0.00	0.00	0.00
	进项税	万美元	0.00	0.00	0.00	0.00	0.00	0.00	0.00	0.00
2.2	销售税金及附加	万美元	0.00	0.00	0.00	0.00	0.00	0.00	0.00	0.00
	资源税	万美元	0.00	0.00	0.00	0.00	0.00	0.00	0.00	0.00
	城市维护建设税和教育费附加	万美元。	0.00	0.00	0.00	0.00	0.00	0.00	0.00	0.00
	合　计	万美元	0.00	0.00	0.00	0.00	0.00	0.00	0.00	0.00

和税金估算表

产　期

第9年	第10年	第11年	第12年	第13年	第14年	第15年	第16年	第17年	第18年	第19年	第20年
0.00	0.00	0.00	0.00	0.00	0.00	0.00	0.00	0.00	0.00	0.00	0.00
0.00	0.00	0.00	0.00	0.00	0.00	0.00	0.00	0.00	0.00	0.00	0.00
110.00	110.00	110.00	110.00	110.00	110.00	110.00	110.00	110.00	110.00	110.00	110.00
17893.58	17893.58	17893.58	17893.58	17893.58	17893.58	17893.58	17893.58	17893.58	17893.58	17893.58	17893.58
917.12	917.12	917.12	917.12	917.12	917.12	917.12	917.12	917.12	917.12	917.12	917.12
0.64	0.64	0.64	0.64	0.64	0.64	0.64	0.64	0.64	0.64	0.64	0.64
1433.00	1433.00	1433.00	1433.00	1433.00	1433.00	1433.00	1433.00	1433.00	1433.00	1433.00	1433.00
16976.46	16976.46	16976.46	16976.46	16976.46	16976.46	16976.46	16976.46	16976.46	16976.46	16976.46	16976.46
12.42	12.42	12.42	12.42	12.42	12.42	12.42	12.42	12.42	12.42	12.42	12.42
1366.86	1366.86	1366.86	1366.86	1366.86	1366.86	1366.86	1366.86	1366.86	1366.86	1366.86	1366.86
17893.58	17893.58	17893.58	17893.58	17893.58	17893.58	17893.58	17893.58	17893.58	17893.58	17893.58	17893.58
1431.49	1431.49	1431.49	1431.49	1431.49	1431.49	1431.49	1431.49	1431.49	1431.49	1431.49	1431.49
16462.09	16462.09	16462.09	16462.09	16462.09	16462.09	16462.09	16462.09	16462.09	16462.09	16462.09	16462.09
0.00	0.00	0.00	0.00	0.00	0.00	0.00	0.00	0.00	0.00	0.00	0.00
0.00	0.00	0.00	0.00	0.00	0.00	0.00	0.00	0.00	0.00	0.00	0.00
0.00	0.00	0.00	0.00	0.00	0.00	0.00	0.00	0.00	0.00	0.00	0.00
0.00	0.00	0.00	0.00	0.00	0.00	0.00	0.00	0.00	0.00	0.00	0.00
0.00	0.00	0.00	0.00	0.00	0.00	0.00	0.00	0.00	0.00	0.00	0.00
0.00	0.00	0.00	0.00	0.00	0.00	0.00	0.00	0.00	0.00	0.00	0.00
0.00	0.00	0.00	0.00	0.00	0.00	0.00	0.00	0.00	0.00	0.00	0.00

附录G 某项目利润

序号	项目	合计	达产年平均	建设期		达					
				第1年	第2年	第3年	第4年	第5年	第6年	第7年	第8年
	生产负荷/%			83.00	100.00	100.00	100.00	100.00	100.00	100.00	100.00
1	销售收入	321233.19	16462.09	15957.47	16462.09	16462.09	16462.09	16462.09	16462.09	16462.09	16462.09
2	增值税	0.00	0.00	0.00	0.00	0.00	0.00	0.00	0.00	0.00	0.00
3	销售税金及附加	0.00	0.00	0.00	0.00	0.00	0.00	0.00	0.00	0.00	0.00
4	总成本费用	265800.62	14047.84	12962.32	13595.37	14047.32	14145.41	14157.97	14124.76	14030.02	14008.32
5	利润总额	55432.57	2414.25	2995.15	2866.72	2414.77	2316.68	2304.12	2337.33	2432.07	2453.77
6	应纳税所得额	55432.57	2414.25	2995.15	2866.72	2414.77	2316.68	2304.12	2337.33	2432.07	2453.77
7	所得税	8314.87	362.14	449.27	430.01	362.22	347.50	345.62	350.60	364.81	368.07
8	净利润	47117.70	2052.11	2545.88	2436.71	2052.55	1969.18	1958.50	1986.73	2067.26	2085.70
9	可供分配利润	47117.70	2052.11	2545.88	2436.71	2052.55	1969.18	1958.50	1986.73	2067.26	2085.70
10	可供投资者分配的利润	47117.70	2052.11	2545.88	2436.71	2052.55	1969.18	1958.50	1986.73	2067.26	2085.70
11	息税前利润	55432.57	2414.25	2995.15	2866.72	2414.77	2316.68	2304.12	2337.33	2432.07	2453.77
12	息税折旧摊销前利润	80867.41	3625.42	3677.65	3549.22	3389.96	3334.89	3370.48	3442.93	3566.11	3611.66

与利润分配表

（万美元）

产 期

第9年	第10年	第11年	第12年	第13年	第14年	第15年	第16年	第17年	第18年	第19年	第20年
100.00	100.00	100.00	100.00	100.00	100.00	100.00	100.00	100.00	100.00	100.00	100.00
16462.09	16462.09	16462.09	16462.09	16462.09	16462.09	16462.09	16462.09	16462.09	16462.09	16462.09	16462.09
0.00	0.00	0.00	0.00	0.00	0.00	0.00	0.00	0.00	0.00	0.00	0.00
0.00	0.00	0.00	0.00	0.00	0.00	0.00	0.00	0.00	0.00	0.00	0.00
13987.39	14020.52	14028.48	13993.27	13991.34	14029.41	14067.48	14084.17	14123.59	14137.38	14163.81	14173.02
2474.70	2441.57	2433.61	2468.82	2470.75	2432.68	2394.61	2377.92	2338.50	2324.71	2298.28	2289.07
2474.70	2441.57	2433.61	2468.82	2470.75	2432.68	2394.61	2377.92	2338.50	2324.71	2298.28	2289.07
371.20	366.24	365.04	370.32	370.61	364.90	359.19	356.69	350.78	348.71	344.74	343.36
2103.50	2075.33	2068.57	2098.50	2100.14	2067.78	2035.42	2021.23	1987.72	1976.00	1953.54	1945.71
2103.50	2075.33	2068.57	2098.50	2100.14	2067.78	2035.42	2021.23	1987.72	1976.00	1953.54	1945.71
2103.50	2075.33	2068.57	2098.50	2100.14	2067.78	2035.42	2021.23	1987.72	1976.00	1953.54	1945.71
2474.70	2441.57	2433.61	2468.82	2470.75	2432.68	2394.61	2377.92	2338.50	2324.71	2298.28	2289.07
3653.47	3645.99	3664.67	3725.17	3734.21	3734.21	3734.21	3752.89	3745.42	3754.13	3736.70	3736.70

附录 H 某项目投资以及

某项目投资以及中方投资现金流量表详见表 H-1、表 H-2。

表 H-1 项目投资

序号	项 目	建设期		达						
		第1年	第2年	第3年	第4年	第5年	第6年	第7年	第8年	第9年
	生产负荷/%	83.00	100.00	100.00	100.00	100.00	100.00	100.00	100.00	100.00
1	现金流入									
1.1	产品销售收入	15957.47	16462.09	16462.09	16462.09	16462.09	16462.09	16462.09	16462.09	16462.09
1.2	补贴收入									
1.3	回收固定资产余值									
1.4	回收流动资金									
	小 计	15957.47	16462.09	16462.09	16462.09	16462.09	16462.09	16462.09	16462.09	16462.09
2	现金流出									
2.1	建设投资	1830.00	1219.20	468.00	478.00	535.00	436.00	316.00	265.00	232.00
2.2	利用原有固定资产	11375.00	0.00	0.00	0.00	0.00	0.00	0.00	0.00	0.00
2.3	利用原有流动资金	2125.00	0.00	0.00	0.00	0.00	0.00	0.00	0.00	0.00
2.4	经营成本	12279.82	12912.87	13072.13	13127.20	13091.61	13019.16	12895.98	12850.43	12808.62
2.5	增值税	0.00	0.00	0.00	0.00	0.00	0.00	0.00	0.00	0.00
2.6	销售税金及附加	0.00	0.00	0.00	0.00	0.00	0.00	0.00	0.00	0.00
2.7	维持运营投资	0.00	0.00	648.00	878.00	339.00	608.00	0.00	0.00	300.00
	小 计	27609.82	14132.07	14188.13	14483.20	13965.61	14063.16	13211.98	13115.43	13340.62
3	所得税前净现金流量	-11652.35	2330.02	2273.96	1978.89	2496.48	2398.93	3250.11	3346.66	3121.47
4	所得税前累计净现金流量	-11652.35	-9322.33	-7048.37	-5069.48	-2573.00	-174.07	3076.04	6422.70	9544.17
5	所得税	449.27	430.01	362.22	347.50	345.62	350.60	364.81	368.07	371.20
6	所得税后净现金流量	-12101.62	1900.01	1911.74	1631.39	2150.86	2048.33	2885.30	2978.59	2750.27
7	所得税后累计净现金流量	-12101.62	-10201.61	-8289.87	-6658.48	-4507.62	-2459.29	426.01	3404.60	6154.87
	计算指标 所得税后 所得税前 财务内部收益率 18.26% 21.95% 财务净现值（i_c=8%） 11376.82 万美元 15044.74 万美元 投资回收期 5.85 年 5.05 年									
	可供分配利润	3228.38	3119.21	1911.74	1631.39	2150.86	2048.33	2885.30	2978.59	2750.27
	红利税	254.59	243.67	93.66	61.32	108.45	94.27	175.13	182.07	157.15
	可供投资者分配的利润	2973.79	2875.54	1818.09	1570.07	2042.41	1954.06	2710.17	2796.52	2593.12
	A 钢铁集团股利	2170.87	2099.14	1327.20	1146.15	1490.96	1426.46	1978.43	2041.46	1892.98
	BEE 股利	802.92	776.40	490.88	423.92	551.45	527.60	731.75	755.06	700.14

中方投资现金流量表

现金流量表

（美元）

产　期

第10年	第11年	第12年	第13年	第14年	第15年	第16年	第17年	第18年	第19年	第20年
100.00	100.00	100.00	100.00	100.00	100.00	100.00	100.00	100.00	100.00	100.00
16462.09	16462.09	16462.09	16462.09	16462.09	16462.09	16462.09	16462.09	16462.09	16462.09	16462.09
										3081.51
										2125.00
16462.09	16462.09	16462.09	16462.09	16462.09	16462.09	16462.09	16462.09	16462.09	16462.09	21668.60
285.00	296.00	281.00	387.00	423.00	423.00	393.00	355.00	250.00	100.00	103.00
0.00	0.00	0.00	0.00	0.00	0.00	0.00	0.00	0.00	0.00	0.00
0.00	0.00	0.00	0.00	0.00	0.00	0.00	0.00	0.00	0.00	0.00
12816.10	12797.42	12736.92	12727.88	12727.88	12727.88	12709.20	12716.67	12707.96	12725.39	12725.39
0.00	0.00	0.00	0.00	0.00	0.00	0.00	0.00	0.00	0.00	0.00
0.00	0.00	0.00	0.00	0.00	0.00	0.00	0.00	0.00	0.00	0.00
339.00	39.00	523.55	368.60	627.00	455.20	323.20	79.00	606.40	105.00	87.20
13440.10	13132.42	13541.47	13483.48	13777.88	13606.08	13425.40	13150.67	13564.36	12930.39	12915.59
3021.99	3329.67	2920.62	2978.61	2684.21	2856.01	3036.69	3311.42	2897.73	3531.70	8753.01
12566.16	15895.83	18816.45	21795.06	24479.27	27335.28	30371.97	33683.39	36581.12	40112.82	48865.83
366.24	365.04	370.32	370.61	364.90	359.19	356.69	350.78	348.71	344.74	343.36
2655.75	2964.63	2550.30	2608.00	2319.31	2496.82	2680.00	2960.64	2549.02	3186.96	8409.65
8810.62	11775.25	14325.55	16933.55	19252.86	21749.68	24429.68	27390.32	29939.34	33126.30	41535.95

2655.75	2964.63	2550.30	2608.00	2319.31	2496.82	2680.00	2960.64	2549.02	3186.96	8409.65
145.13	173.36	129.39	134.45	101.78	115.72	130.50	155.37	111.96	174.85	696.20
2510.62	2791.27	2420.90	2473.55	2217.53	2381.10	2549.50	2805.27	2437.06	3012.11	7713.45
1832.75	2037.63	1767.26	1805.69	1618.80	1738.20	1861.13	2047.85	1779.05	2198.84	5630.82
677.87	753.64	653.64	667.86	598.73	642.90	688.36	757.42	658.01	813.27	2082.63

表 H-2 中方投资

序号	项 目	建设期		达					
		第 1 年	第 2 年	第 3 年	第 4 年	第 5 年	第 6 年	第 7 年	第 8 年
	生产负荷（%）	83.00	100.00	100.00	100.00	100.00	100.00	100.00	100.00
1	现金流入								
1.1	股利	2170.87	2099.14	1327.20	1146.15	1490.96	1426.46	1978.43	2041.46
1.2	BEE 还 A 钢铁集团本金			490.88	392.98	0.00	0.00	0.00	0.00
1.3	BEE 付 A 钢铁集团利息			58.08	25.82	0.00	0.00	0.00	0.00
1.4	回收固定资产余值								
1.5	回收流动资金								
1.6	其 他								
	小 计	2170.87	2099.14	1876.16	1564.95	1490.96	1426.46	1978.43	2041.46
2	现金流出								
2.1	自有资金	11685.00	1219.20	0.00	0.00	0.00	0.00	0.00	0.00
2.2	借款本金偿还								
2.3	借款利息支付								
2.4	红利税	65.13	62.97	39.82	34.38	44.73	42.79	59.35	61.24
	小 计	11750.13	1282.17	39.82	34.38	44.73	42.79	59.35	61.24
3	净现金流量	-9579.26	816.97	1836.34	1530.57	1446.23	1383.67	1919.08	1980.22
4	累计净现金流量	-9579.26	-8762.29	-6925.95	-5395.38	-3949.15	-2565.48	-646.40	1333.82
	计算指标 财务内部收益率 财务净现值(i_c =8%) 投资回收期	 15.92% 6601.64 万美元 7.33 年							

现金流量表　　（美元）

产　期

第 9 年	第 10 年	第 11 年	第 12 年	第 13 年	第 14 年	第 15 年	第 16 年	第 17 年	第 18 年	第 19 年	第 20 年
100. 00	100. 00	100. 00	100. 00	100. 00	100. 00	100. 00	100. 00	100. 00	100. 00	100. 00	100. 00
1892. 98	1832. 75	2037. 63	1767. 26	1805. 69	1618. 80	1738. 20	1861. 13	2047. 85	1779. 05	2198. 84	5630. 82
0. 00	0. 00	0. 00	0. 00	0. 00	0. 00	0. 00	0. 00	0. 00	0. 00	0. 00	0. 00
0. 00	0. 00	0. 00	0. 00	0. 00	0. 00	0. 00	0. 00	0. 00	0. 00	0. 00	0. 00
1892. 98	1832. 75	2037. 63	1767. 26	1805. 69	1618. 80	1738. 20	1861. 13	2047. 85	1779. 05	2198. 84	5630. 82
0. 00	0. 00	0. 00	0. 00	0. 00	0. 00	0. 00	0. 00	0. 00	0. 00	0. 00	0. 00
56. 79	54. 98	61. 13	53. 02	54. 17	48. 56	52. 15	55. 83	61. 44	53. 37	65. 97	168. 92
56. 79	54. 98	61. 13	53. 02	54. 17	48. 56	52. 15	55. 83	61. 44	53. 37	65. 97	168. 92
1836. 19	1777. 77	1976. 50	1714. 24	1751. 52	1570. 24	1686. 05	1805. 30	1986. 41	1725. 68	2132. 87	5461. 90
3170. 01	4947. 78	6924. 28	8638. 52	10390. 04	11960. 28	13646. 33	15451. 63	17438. 04	19163. 72	21296. 59	26758. 49

参 考 文 献

[1] 雷涯邻．我国矿产资源安全现状与对策［N］．中国矿业报，2006-10-26(C03).

[2] 李志民．中国海外矿业投资决策过程基本框架和方法[J]．钢铁研究学报，2008，20(6)：57～62.

[3] 李祥仪，李仲学．矿业经济学[M]．北京：冶金工业出版社，2001.

[4] 袁艺．投资评价理论方法综述——演进与发展[J]．现代管理科学，2006，(2)：116～117.

[5] 陈康幼．投资经济学[M]．上海：上海财经大学出版社，2003.

[6] 孔淑红，梁明．国际投资学[M]．北京：对外经济贸易大学出版社，2001.

[7] 储祥银．国际经济合作实务[M]．北京：对外经济贸易大学出版社，2001.

[8] 任映国．国际投资学[M]．北京：中国金融出版社，2003.

[9] 张健，邹乔，杨勇强．海外铜资源的开发[J]．有色金属工业，2003，(1)：27～28.

[10] 马骁．企业投资决策与管理[M]．成都：西南财经大学出版社，2000.

[11] 黄生权．基于实物期权理论的矿业投资决策理论与方法研究[D]．长沙：中南大学，2006.

[12] 麦肯齐 B. W. 矿产经济学[M]．秦皇岛：冶金部冀东黑色冶金矿山设计研究院，1985.

[13] 黄先芳，娄纯联．矿业投资项目的风险因素分析和风险控制对策[J]．金属矿山，2005，(6)：1～4.

[14] 张晓波，田千喜．投资决策理论综述[J]．企业家天地下半月刊（理论版），2008，(4)：3～5.

[15] 傅家骥，仝允桓．工业技术经济学[M]．北京：清华大学出版社，1996.

[16] 张超，杨建明．铀矿开采项目经济评价方法研究[J]．矿冶，2005，14(1)：20～23，48.

[17] 暴奉贤，陈宏立．经济预测与决策方法[M]．广州：暨南大学出版社，1991.

[18] 吴和平，詹进，杨珊．基于蒙特卡洛随机模拟法的矿业投资风险分析研究[J]．有色矿冶，2007，23(3)：102～104.

[19] 吴爱祥，张卫峰．矿山投资项目净现值的蒙特卡洛模拟[J]．金属矿山，2000，(12)：4～6.

[20] [美]JOHNATHAN MUN. 实物期权分析[M]．邱雅丽译．北京：中国人民大学出版社，2006.

[21] AMRMA M, KULATILAKA N. Real options: managing strategic investment in an uncertain world [M]. Harvard Business School Press, 1998.

[22] MYERS S C. Determinants of corporate borrowing [J]. Journal of Financial Economics, 1977, 5(2): 147～176.

[23] [美]LENOS TRIGEORGIS. 实物期权[M]. 林谦（加）译. 北京：清华大学出版社，2007.
[24] 夏健明，陈元志. 实物期权理论述评[J]. 上海金融学院学报，2005，(1)：4~12.
[25] 王蔚谦. 实物期权分析在商业地产租赁市场中的运用[D]. 武汉：华中科技大学，2008.
[26] BLACK F, SCHOLES S. The pricing of options and corporate liabilities [J]. Journal of Political Economy, 1973, 81(5~6): 637~659.
[27] COX J, ROSS S. The valuation of options for alternative stochastic processes [J]. Journal of Financial Economics, 1976, 3(1~2): 145~166.
[28] COX J, ROSS S, RUBINSTEINM. Option pricing: a simplified approach [J]. Journal of Financial Economics, 1979, 7(3): 229~263.
[29] COX J, INGERSOLL J E, ROSS S. An intertemporal general equilibrium model of asset prices [J]. Econometrics, 1985, 53(3): 385~407.
[30] MARGRABE W. The value of an option to exchange one asset for another [J]. Journal of Finance, 1978, 33(1): 177~186.
[31] STULZ R. Options on the minimum or the maximum of two risky assets: Analysis and applications [J]. Journal of Financial Economics, 1982, 10(2): 161~185.
[32] JOHNSON H. Options on the maximum or the minimum of several assets [J]. Journal of Financial and Quantitative Analysis, 1987, 22(3): 277~284.
[33] GESKE R. The valuation of compound options [J]. Journal of Financial Economics, 1979, 7(1): 63~81.
[34] CARR P. The valuation of American exchange opportunities [J]. Journal of Finance, 1988, 43(5): 1235~1256.
[35] 唐波，张宇莹，陈德棉. 投资决策理论新发展——实物期权理论研究综述[J]. 财贸研究，2006，(6)：74~79，117.
[36] MERTON R C. Theory of rational option pricing [J]. Bell Journal of Economics and Management Science, 1973, 4(1): 141~183.
[37] 孙斌. 投资项目决策实物期权方法研究进展[J]. 工业技术经济，2007，26(9)：146~150.
[38] DIXITA K, PINDYCK R S. The option approach to capital investment [J]. Harvard Business Review, 1995, (5~6): 105~115.
[39] MCDONALD R, SIEGEL D. The value of waiting to invest [J]. Quarterly Journal of Economics, 1986, 101(4): 707~727.
[40] PADDOCK J, SIEGEL D, SMITH J. Option valuation of claims on physical assets: the case of offshore petroleum leases [J]. Quarterly Journal of Economics, 1988, 103 (3): 479~508.
[41] INGERSOLL J E, ROSS S A. Waiting to invest: investment and uncertainty [J]. Journal of

Business, 1992, 65(1): 1 ~29.

[42] PINDYCK R S. Irreversible investment, capacity choice, and the value of the firm [J]. American Economic Review, 1988, 78(5): 969 ~985.

[43] TRIGEORGIS L, MASON S P. Valuing managerial flexibility [J]. Midland corporate finance Journal, 1987, 5(1): 14 ~21.

[44] MCDONALD R, SIEGEL D. Investment and the valuation of firms when there is an option to shutdown [J]. International Economic Review, 1985, 26(2): 331 ~349.

[45] MYERS S C. Abandonment value and project life [J]. Advances in Futures and Options Research, 1990, (4): 1 ~21.

[46] MARGRABE W. The value of an option to exchange one asset for another [J]. Journal of Finance, 1978, 33(1): 177 ~186.

[47] MYERS S C. Determinants of corporate borrowing [J]. Journal of Financial Economics, 1977, 5(2): 147 ~176.

[48] KESTER W C. Today's options for tomorrow's growth [J]. Harvard Business Review, 1984, 62(2): 153 ~160.

[49] TRIGEORGIS L. A conceptual options framework for capital budgeting [J]. Advances in Futures and Options Research, 1988, (3): 145 ~167.

[50] 何德忠，孟卫东. 期权博弈理论发展综述[J]. 生产力研究，2007，(2): 148 ~150.

[51] 韩款，石善冲. 实物期权博弈投资战略分析的理论及应用研究[J]. 北京理工大学学报（社会科学版），2006，8(1): 52 ~54.

[52] BRENNAN M J, SCHWARTZ E S. A new approach to evaluating natural resource investments [J]. Midland Corporate Finance Journal, 1985, 3(1): 37 ~47.

[53] TRIGEORGIS L. Real options: Management flexibility and strategy in resource allocation [M]. Cambridge: MIT Press, 1996.

[54] COPELAND T. Valuation measuring and managing the value of companies. New York: John wiley & sons, 2000.

[55] BJERKSUND P, Ekem S. Managing investment opportunities under price uncertainty: from "last chance to wait and see" strategies [J]. Financial Management, 1990(autumn): 65 ~83.

[56] CAVENDER B. Determination of the optimum lifetime of a mining project using discounted cash flow and option price techniques [J]. Mining Engineering, 1992, 44(10): 5 ~11.

[57] MOYEN N, SLADE M. Valuing risk and flexibility—A comparison of methods [J]. Resources Policy, 1996, 22: 63 ~74.

[58] KEMNA A. Case studies on real options [J]. Financial Management, 1993, 22(3): 259 ~270.

[59] 张能福，蔡嗣经，刘朝马. 矿业工程项目投资价值实物期权评价方法[J]. 中国矿业大学学报，2003，32(4): 455 ~458.

[60] 刘朝马，刘冬梅，蔡美峰．基于期权定价理论的矿业工程评估模型[J]．北京科技大学学报，2000，22(6)：505～507.
[61] 任玉平．煤炭资源开发的实物期权模型研究[J]．煤炭经济研究，2007，（12）：33～36.
[62] 张磊，胡城翠．煤炭资源实物期权价值计量[J]．煤炭经济研究，2007，（10）：37～40.
[63] 张能福，蔡嗣经．应用实物期权定价理论的煤炭资源投资价值评估[J]．煤炭学报，2002，27(3)：329～332.
[64] 常琛，卢国斌．实物期权方法在采矿权评估中的应用[J]．辽宁工程技术大学学报，2006，25(增)：31～32.
[65] 邹绍辉，张金锁．基于期权的矿产资源采矿权估价单因素模型[J]．金属矿山，2007，(10)：51～54，63.
[66] 倪涉，陈剖建，郑艳琳．基于期权博弈理论的采矿权拍卖定价分析[J]．煤炭学报，2008，33(5)：597～600.
[67] 张永峰，陈汉林，贾承造，等．油气勘探开发项目实物期权复合模型研究[J]．天然气工业，2006，26(3)：138～141.
[68] 罗东坤，汪华．石油勘探投资实物期权评价模型的建立及应用[J]．石油学报，2007，28(6)：147～150.
[69] 李松青，刘异玲．基于延迟实物期权的矿业投资决策模型[J]．系统工程，2008，26(3)：124～126.
[70] 黄生权，陈晓红．基于实物期权的矿业投资最佳时机决策模型[J]．系统工程，2006，24(4)：65～67.
[71] 张宏哲，李英龙．复合期权模型在矿业工程投资决策中的应用[J]．价值工程，2006，(8)：150～152.
[72] 齐寅峰．中国企业投资融资运作与管理——基于问卷调查与公开数据的研究[M]．北京：经济科学出版社，2007.
[73] 张婕．基于柔性理论的大型工程投资决策研究[D]．南京：河海大学，2007.
[74] 谭跃进，邓宏钟．复杂适应系统理论及其应用研究[J]．系统工程，2001，19(5)：1～6.
[75] 吴彤．论协同学理论方法——自组织动力学方法及其应用[J]．内蒙古社会科学（汉文版），2000，(6)：19～26.
[76] MANDELBAUM M. Flexibility in decision making, an exploration and unification [D]. Toronto: Department of Industrial Engineering, University of Toronto, 1978.
[77] 马骕骅，顾锋．企业柔性管理国内外研究述评[J]．生产力研究，2007，(12)：137～138，150.
[78] 华宏鸣．柔性技术与现代企业管理[J]．复旦学报（社会科学版），1994，(4)：22～25.
[79] 刘曙光，陈荣秋，鞠静．柔性的比较性定义和性质[J]．华中理工大学学报，1997，

25(10): 41~44.

[80] 汪应洛，李垣，刘益．企业柔性战略——跨世纪战略管理研究与实践的前沿[J]．管理科学学报，1998，1(1)：22~25.

[81] 龚代华，陈荣秋，朱静萍．企业柔性的概念与度量[J]．华中理工大学学报，1998，26(12)：107~109.

[82] 范龙振，唐国兴．经营柔性、价值评价与投资决策[J]．上海经济研究，1998，(4)：38~40，13.

[83] 程仲鸣，王海兵．投资项目柔性的测度与分析[J]．科技进步与对策，2003，(9)：141~142.

[84] 陈君玉．柔性管理及其现实应用[J]．上海企业，2002，(1)：20~22.

[85] 黄丽华，葛永利，富小丽，等．企业过程柔性的概念框架[J]．系统工程理论与实践，1999，(10)：63~68.

[86] BARMEY J B. Strategic factor markets: expectations, luck, and business strategy [J]. Management Science, 1986, (32): 1231~1241.

[87] MADHAVAN. Strategic flexibility and performance in the global steel industry: the role of interfirm linkages [D]. Pittsburgh: University of Pittsburgh, 1996.

[88] 侯玉莲，王迎军．战略柔性的内涵界定与分类[J]．经济管理，2003，(14)：28~32.

[89] 刘曙光，陈荣秋，马士华．提高企业组织柔性的研究[J]．计算机集成制造系统，1997，(5)：14~20.

[90] 谢卫红，蓝海林，蒋峦．柔性组织：动态竞争条件下的企业选择[J]．软科学，2001，15(3)：90~92.

[91] 王凤霞．柔性组织：21世纪企业组织的主要模式[J]．商业研究，2002，(10)：24~26.

[92] 徐碚，刘英姿．适应变化的柔性组织[J]．通信企业管理，2004，(6)：71~73.

[93] 孙健．柔性化组织的管理理念[J]．中国行政管理，2007，(9)：60~62.

[94] KAHN J, WIENER A J. The year 2000: a framework for speculation on the next 33 years [M]. New York: MacMillan press, 1967.

[95] 张明立，吴凤山．情景分析法——一种经济预测方法[J]．决策借鉴，1992，(3)：34~36.

[96] 宗蓓华．战略预测中的情景分析法[J]．预测，1994，(2)：50~51，55.

[97] 张学才，郭瑞雪．情景分析方法综述[J]．探索与争鸣，2005，(8)：125~126.

[98] 田光明．情景分析法[J]．晋图学刊，2008，(3)：7~9，12.

[99] 田景文，高美娟．人工神经网络算法研究及应用[M]．北京：北京理工大学出版社，2006.

[100] HECHT-NIELSON. Theory of the back propagation neural network [J]. IEEE IJCNN, 1989, (1): 593~606.

[101] 黄志安，陈广平．基于综合评价理论的矿山合理生产规模评价[J]．矿业研究与开发，2003，23(10)：17~19.

[102] 胡永宏，贺思辉．综合评价方法[M]．北京：科学出版社，2000.
[103] 王恩来．圣之时者——孔子的权变主张[J]．理论界，2008，(10)：140～141.
[104] 杨瑾，余群英，徐媛．孟子哲学视野中的权变管理理论[J]．太原师范学院学报（社会科学版），2008，7(6)：34～35.
[105] 邹文娜，胡晶晶．权变管理理论初探[J]．科技与经济，2006，(19)：107～109.
[106] 李万亨．矿山建设项目可行性研究及经济评价[M]．北京：地质出版社，1998.
[107] 袁怀雨．矿业权评估——理论、方法、参数概论[M]．北京：中国大地出版社，2004.
[108] 刘家松．企业对外投资决策全过程的内部控制环节与主体[J]．上海会计，2003，(8)：6～8.
[109] 严钰．中信泰富巨亏147亿幕后真相［N］．经济观察报，2008-10-22.
[110] 郭友廉．生产规模的确定与市场需求[J]．化工矿山技术，1994，23(4)：44～45.
[111] 郑明贵，蔡嗣经．金属矿山项目开发中的风险因素分析[J]．金属矿山，2007，(1)：11～13.
[112] 单守智，任凤玉，霍俊发．玉石洼铁矿提高生产能力的主要技术措施[J]．化工矿物与加工，1994，23(1)：19～21，24.
[113] 陈津，王社斌，林万明，等．21世纪中国铬业资源现状与发展[J]．铁合金，2005，(2)：39～41，38.
[114] 刘随臣．我国铬铁矿未来供需态势与国外供矿前景分析[J]．中国国土资源经济，2004，17(8)：4～6，25.
[115] 张福生，高鹏，陈甲斌．我国铬铁矿未来供需态势与调控政策分析[J]．地质找矿论丛，2005，20(3)：215～217.
[116] 张宏．基于投入产出模型的煤炭资源供需情景研究[D]．北京科技大学博士学位论文，2005.
[117] 卢锋．中国经济高增长趋势不会改变[J]．当代经济，2008，9(上)：9～10.
[118] 王小广．当前我国宏观经济增长趋势及政策建议[J]．当代经济，2008，7(下)：4～5.
[119] 王小汀，叶斌，刘玉彬．基于神经网络的综采工作面技术经济指标预测[J]．系统工程理论与实践，2001，(7)：129～144.
[120] 周翔，朱学愚，文成玉，等．基于遗传学习算法和BP算法的神经网络在矿坑涌水量计算中的应用[J]．水利学报，2000，(12)：59～63.
[121] W. THOMAS MILLER Ⅲ, RICHARD S. SUTTON, PAUL J. Werbos. Neural Networks for control [M]. Cambridge, MA : The MIT Press, 1991.
[122] S. MCLOONE, M. D. BROWN, G. IRWIN, G. LIGHTBODY. A hybrid linear/nonlinear training algorithm for feed forward neural networks [J]. IEEE Transactions on Neural Networks, 1998, 9(9): 669～683.
[123] RUMELHART D B, HINTON G E, WILLIAMS R J. Learning internal representations by er-

ror propagation in parallel distributed processing: explorations in microstructure of cognition Ⅰ[R]. Cambridge, MA: The MIT Press, 1986.

[124] 杨雪雁，罗洪. 油田开发经济评价及实物期权新方法[M]. 北京：石油工业出版社，2007.

[125] 齐安甜. 企业并购中的实物期权与博弈分析[M]. 北京：中国金融出版社，2007.

[126] 杨春朋. 实物期权及其应用[M]. 上海：复旦大学出版社，2003.

[127] DIXITA K, PINDYCK R S. Investment under uncertainty [M]. Princeton University Press, 1994.

[128] 曹艳，孙彦彬，张博，等. 石油工程项目投资决策中复合期权模型的应用[J]. 大庆石油学院学报，2003，27(4)：99～102.

[129] 张超，杨建明. 铀矿开采项目经济评价方法研究[J]. 矿冶，2005，14(1)：20～23.

[130]《采矿手册》编委会. 采矿手册（第7卷）[M]. 北京：冶金工业出版社，1991，36～49.

[131] 李安贵，张志宏，孟艳丽，等. 模糊数学及其应用[M]. 北京：冶金工业出版社，2005.

[132] 程卫民，辛嵩. 安全综合评价中的组合赋权和变权[J]. 安全与环境学报，2001，12(6)：31～34.

[133] 王坚强，刘先建，刘力根. 企业技术创新能力模糊综合评价[J]. 技术经济，2002，(7)：51～52.

[134] 陈坚红，盛德仁，李蔚，等. Delphi 和 AHP 集成的火电建设工程模糊综合评价方法[J]. 热能动力工程，2003，18(3)：304～306.

[135] 汪培庄. 模糊集与随机集落影[M]. 北京：北京师范大学出版社，1985.

[136] 韩东. 常权分析与变权原理[D]. 长沙：国防科学技术大学，2003.

[137] 刘文奇. 一般变权原理与多目标决策[J]. 系统工程理论与实践，2000，20(3)：1～11.

[138] 刘文奇. 均衡函数及其在变权综合中的应用[J]. 系统工程理论与实践，1997，17(4)：58～64，74.

[139] 李洪兴. 因素空间理论与知识表示的数学框架（Ⅸ）——均衡函数的构造和 Weber-Fechner 特性[J]. 模糊系统与数学，1996，10(3)：12～19.

[140] 陈开岩，王超. 矿井通风系统可靠性变权综合评价的研究[J]. 采矿与安全工程学报，2007，24(1)：37～41.

[141] 张幼蒂，姬长生. 大型矿山生产规模及其相关决策要素综合优化[J]. 中国矿业大学学报，2000，29(1)：15～19.